DEMETRIO PICCINI
Drawings

**If you want to discover the soul of Tuscany
and its magnificent landscapes ...
get to the Val d'Orcia
and then climb to the top of Mount Amiata.
In the days of clear skies
you will enjoy a 360-degrees
panoramic view**

*Se vuoi conoscere l'anima della Toscana
e dei suoi magnifici paesaggi...vai in Val d'Orcia
e dopo sali sulla vetta del Monte Amiata.
Nei giorni di cielo sereno
puoi godere di una vista
panoramica a 360 gradi*

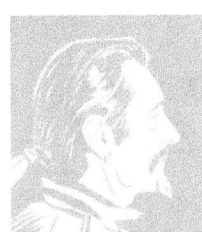

www.artefumetti.it

Translation - Laura Falera

Total or partial reproduction is strictly forbidden whithout the prior approval of the author

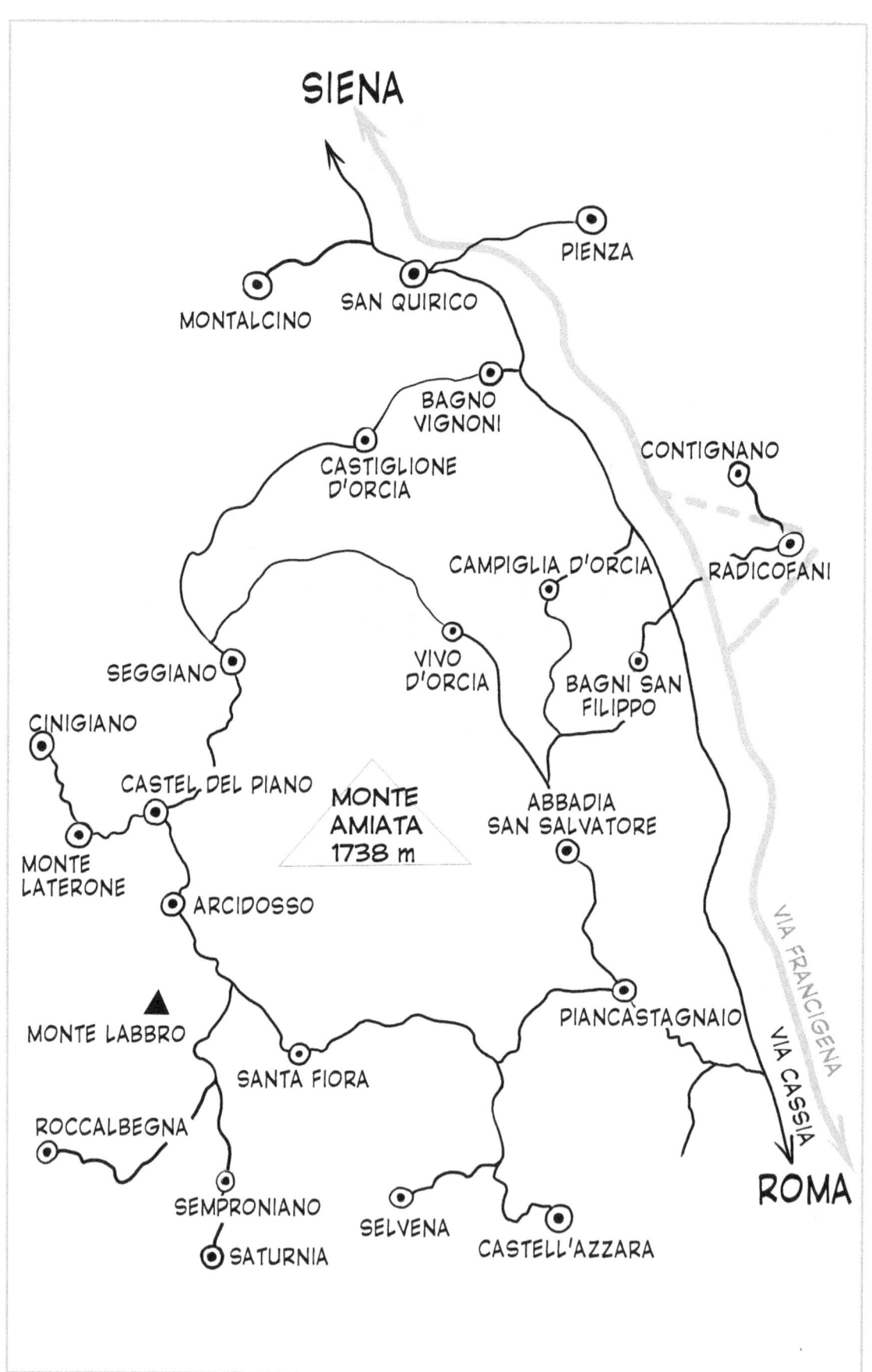

MONTE AMIATA

Mount Amiata is an ancient volcano located in the southern part of Tuscany. A cone that rises to 1.738 meters, green and lonely, above the gentle rolling hills of the Val d'Orcia, of Lake Bolsena, of Val di Chiana, Maremma and the Tyrrhenian Sea.
It is an ancient volcano, now extinct, dotted with rocks and volcanic ponds. The area of Monte Amiata is sparsely inhabited, with small towns located along the valleys of the mountain. Due to the limited human settlement the mountain has maintained its original beauty and wilderness for centuries, to the point that, walking through the silent woods of chestnut and beech you can meet beautiful fauns and dancing nymphs.

Il Monte Amiata è un antico vulcano situato sulla parte meridionale della Toscana. Un cono di 1738 metri che svetta, verde e solitario, sulle dolci colline della Val d'Orcia, del lago di Bolsena, della Val di Chiana, la Maremma e poi fino al Mare Tirreno. L'area del Monte Amiata è scarsamente popolata e formata da piccoli paesi posti tutti intorno alla montagna. La ridotta antropizzazione ha permesso alla montagna di mantenere la sua originaria bellezza nei secoli. Infatti, camminando nelle silenziose faggete è possibile incontrare fauni e ninfe danzanti.

VAL D'ORCIA

The magnificent landscape of the Val d'Orcia, in the Tuscan hills, was included in the World Heritage List by UNESCO in 2004. According to UNESCO this valley is an outstanding example of how the landscape was redesigned during the Renaissance and reflects the ideals of "good governance"(XIV and XV century) typical of the Italian city-states, whose beautiful places were celebrated by painters from the Scuola Senese, which flourished between the thirteenth and fifteenth centuries. The Val d'Orcia has linked its destiny to the Via Cassia, the great Roman road that linked Rome with northern Italy, running through the entire valley. A road that for much of its route follows the historic Via Francigena, where travel and spirituality intersect.

*Il magnifico paesaggio della Val d'Orcia, tra le colline toscane, è stato inserito nella World Heritage List dall'Unesco nel 2004.
Secondo l'Unesco questa valle è un eccezionale esempio di come il paesaggio naturale sia stato ridisegnato nel Rinascimento e rispecchia gli ideali del "buon governo" (XIV e XV sec.) tipici della città-stato italiana, i cui splendidi luoghi sono stati celebrati dai pittori della Scuola Senese, fiorita tra il XIII ed il XV secolo.
La Val d'Orcia ha legato i suoi destini alla via Cassia, la grande strada romana che metteva in comunicazione Roma col nord Italia e che attraversa per intero la valle. Una strada che, per gran parte del suo percorso, ricalca la storica via Francigena, dove il senso del viaggio ha lo spirito del pellegrinaggio.*

INDEX

Abbadia San Salvatore........Pag.9
Arcidosso....................Pag.34
Bagni San Filippo............Pag.44
Bagno Vignoni................Pag.56
Campiglia d'Orcia............Pag.53
Castel del Piano.............Pag.37
Castell'Azzara...............Pag.18
Castiglione d'Orcia..........Pag.54
Cinigiano....................Pag.40
Contignano...................Pag.52
Montalcino...................Pag.65
Monte Labbro.................Pag.33
Montelaterone................Pag.39
Piancastagnaio...............Pag.13
Pienza.......................Pag.60
Radicofani...................Pag.48
Roccalbegna..................Pag.31
Rocchette di Fazio...........Pag.28
San Quirico..................Pag.57
Santa Fiora..................Pag.21
Saturnia.....................Pag.30
Seggiano.....................Pag.41
Selvena......................Pag.20
Semproniano..................Pag.26
Vivo d'Orcia.................Pag.42

MONTE AMIATA

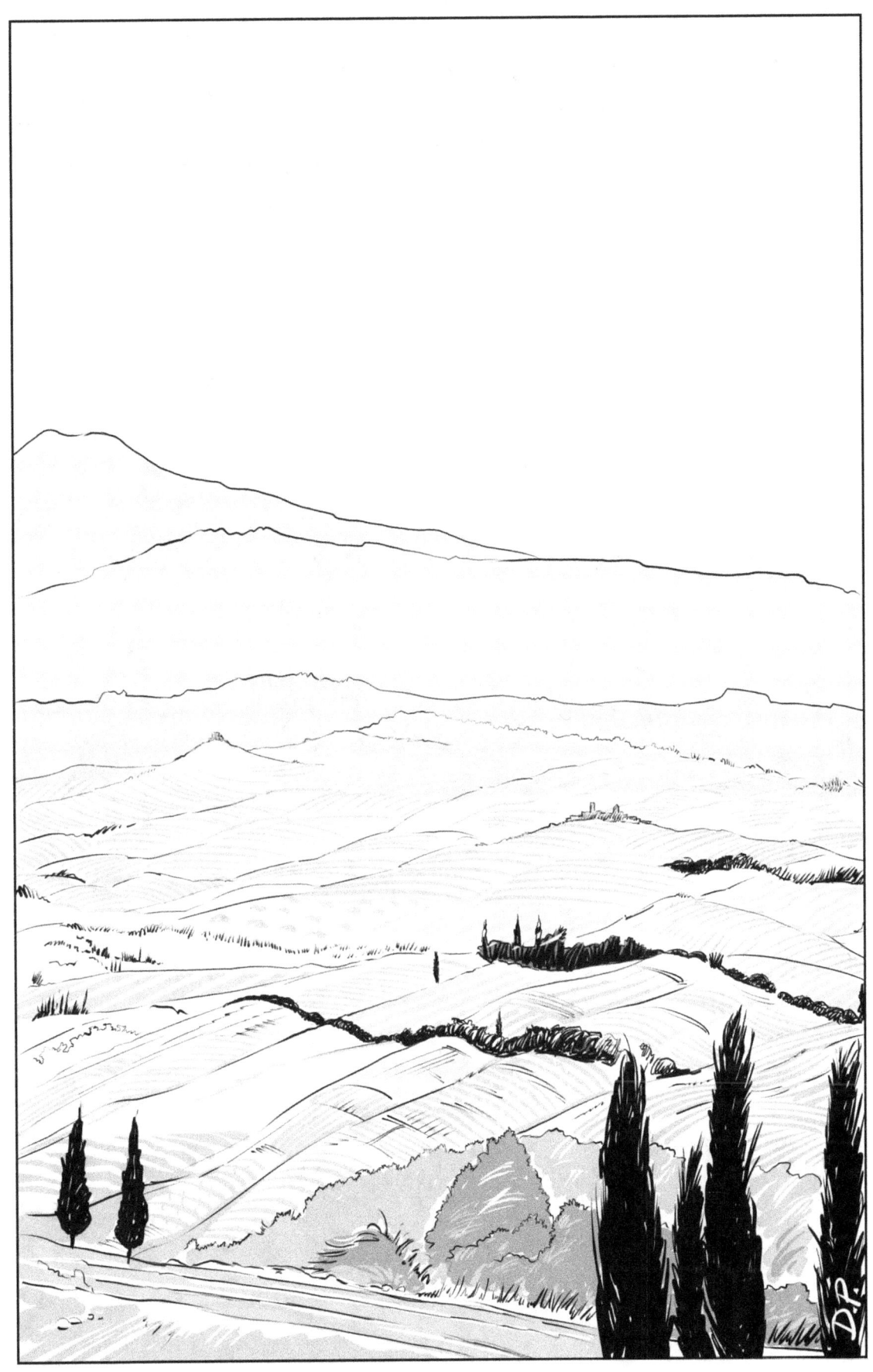

MONTE AMIATA

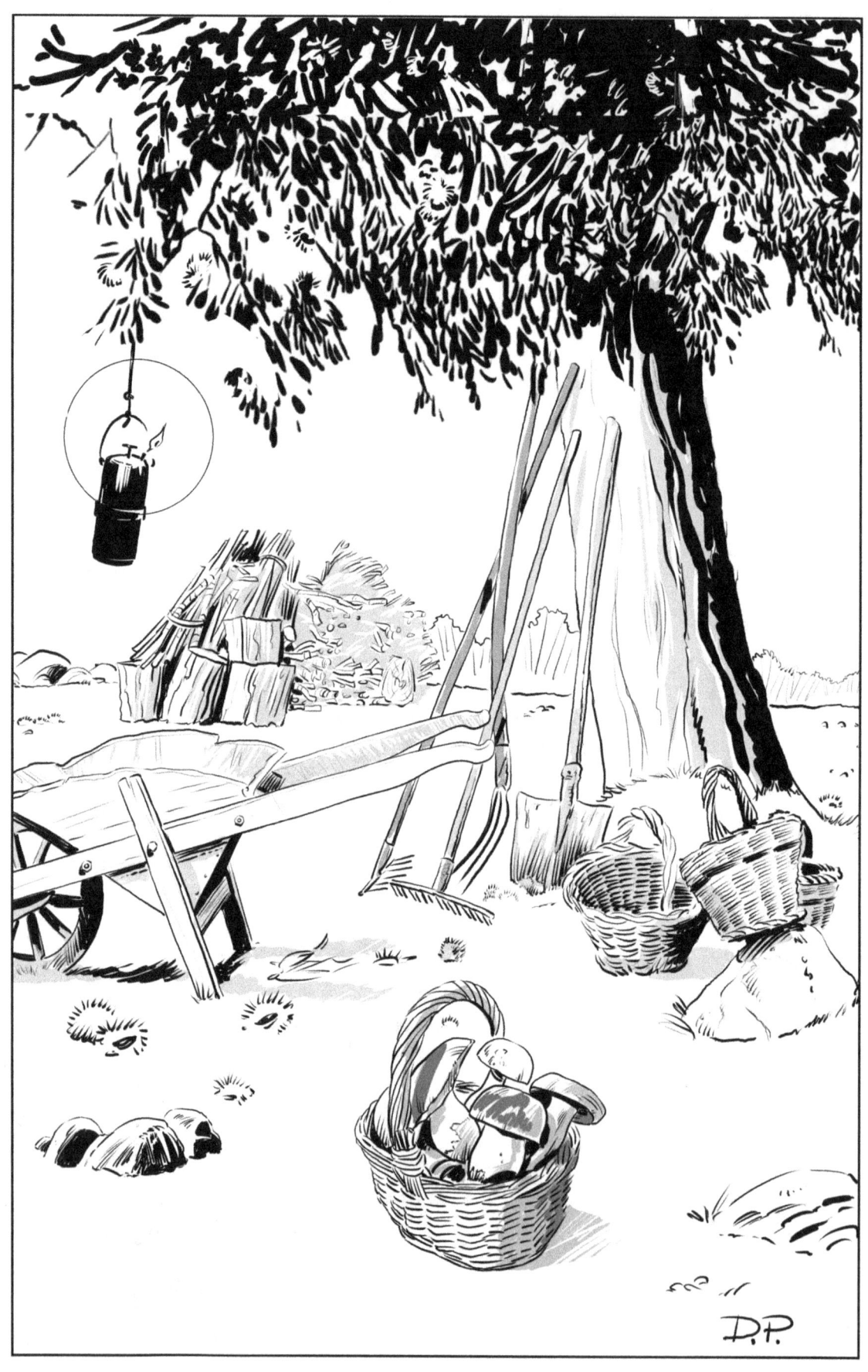

ABBADIA SAN SALVATORE

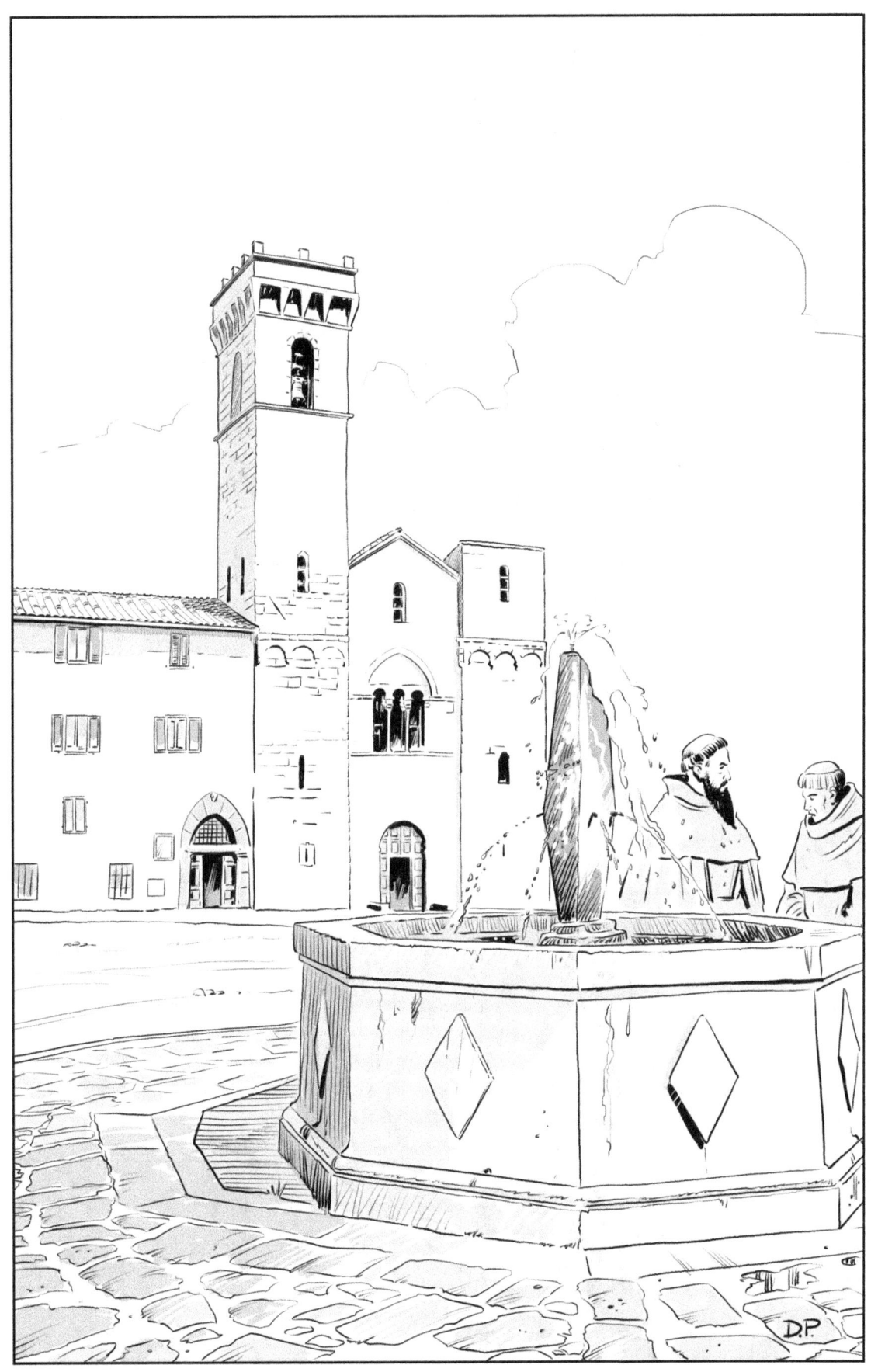

ABBADIA SAN SALVATORE

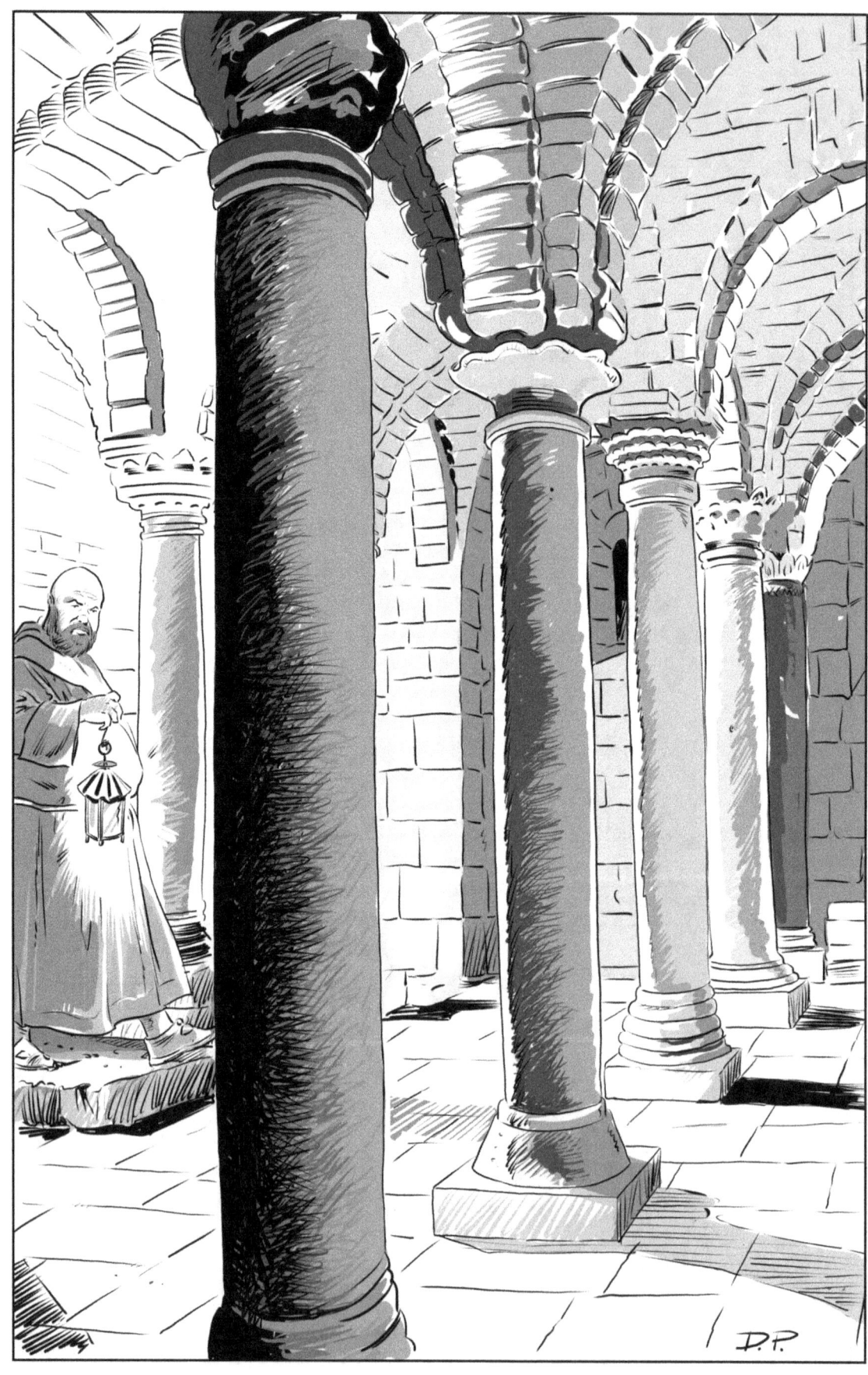

PAG. 10

ABBADIA SAN SALVATORE

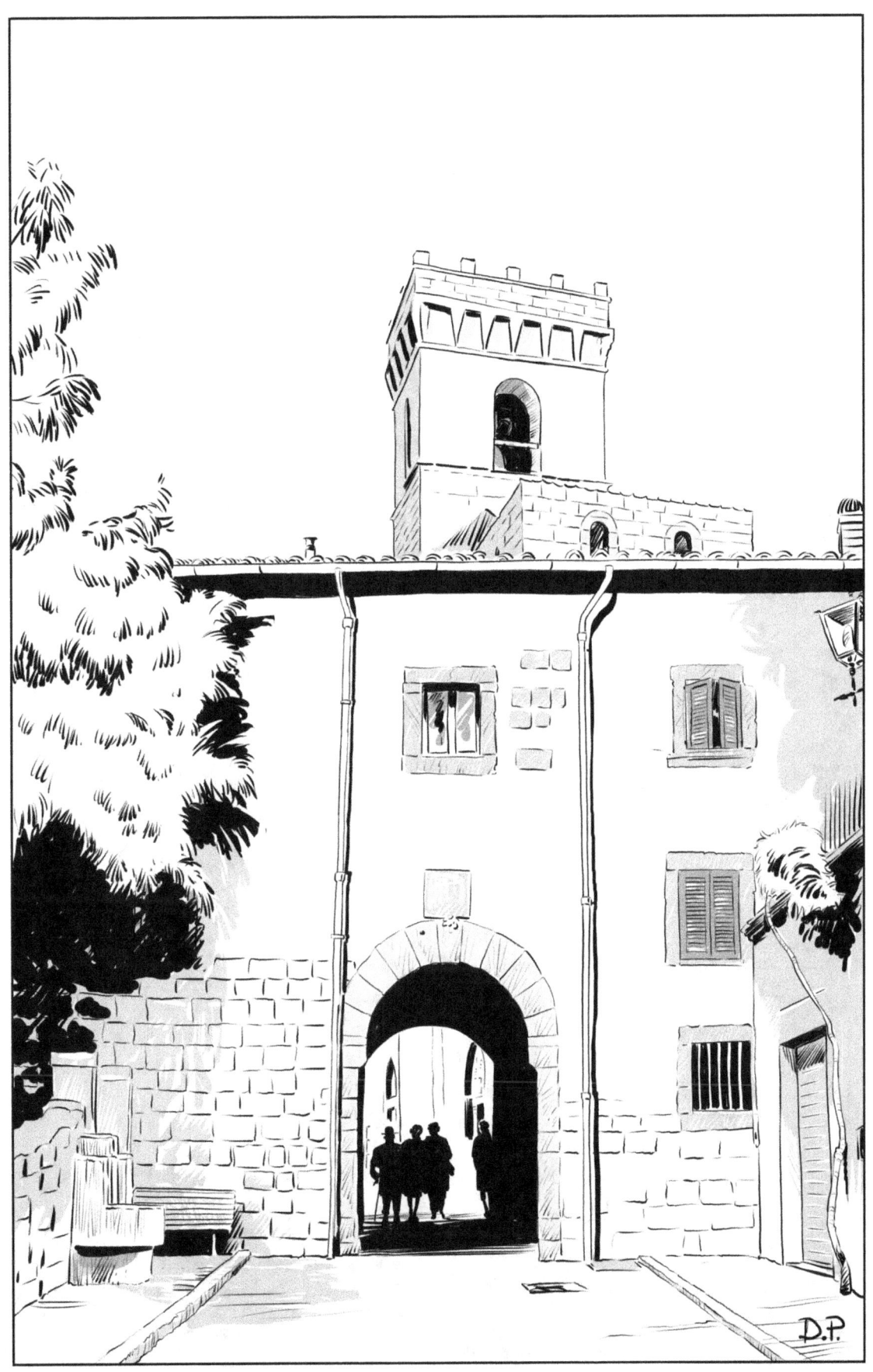

ABBADIA SAN SALVATORE

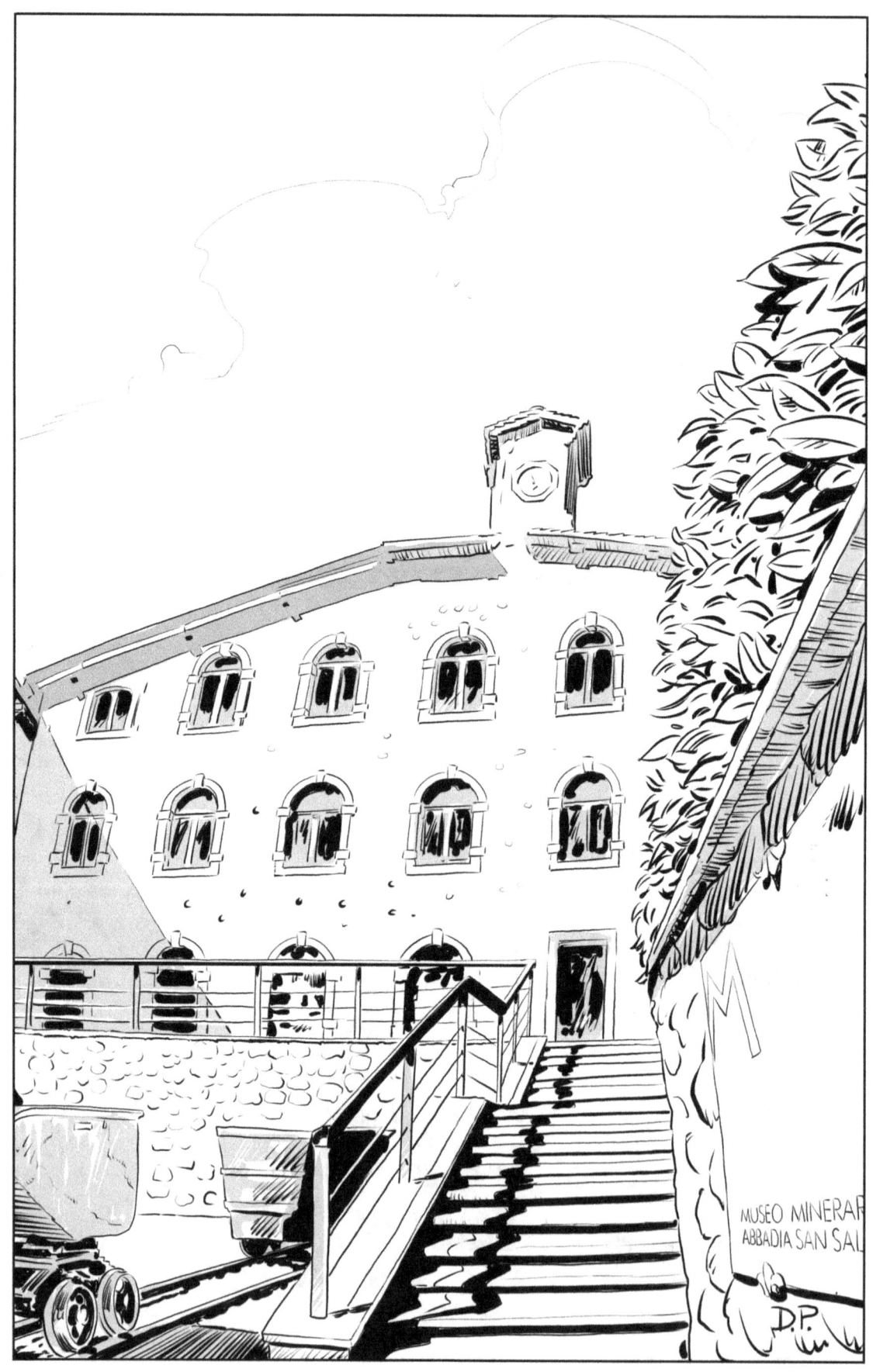

PIANCASTAGNAIO

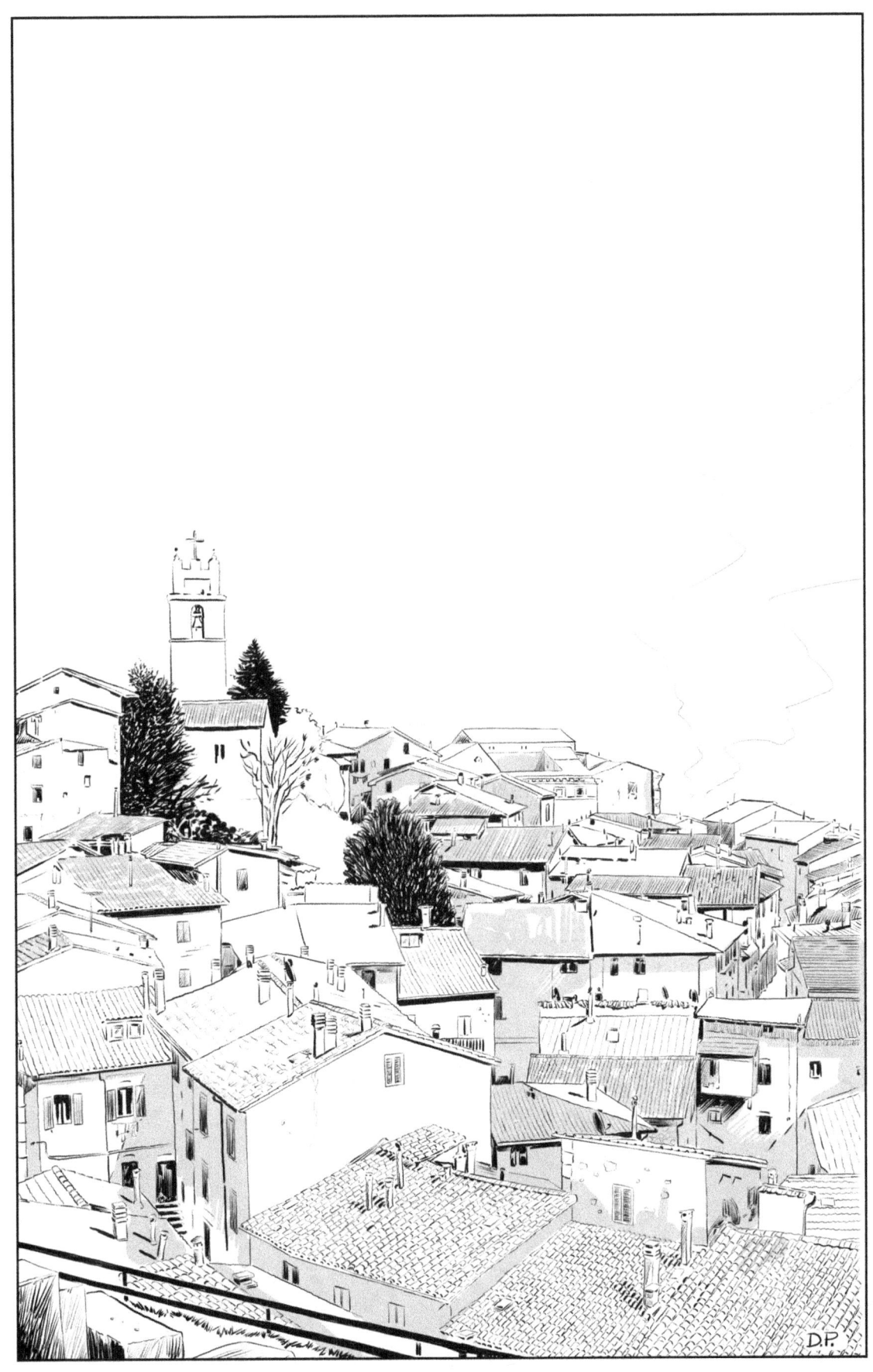

PIANCASTAGNAIO

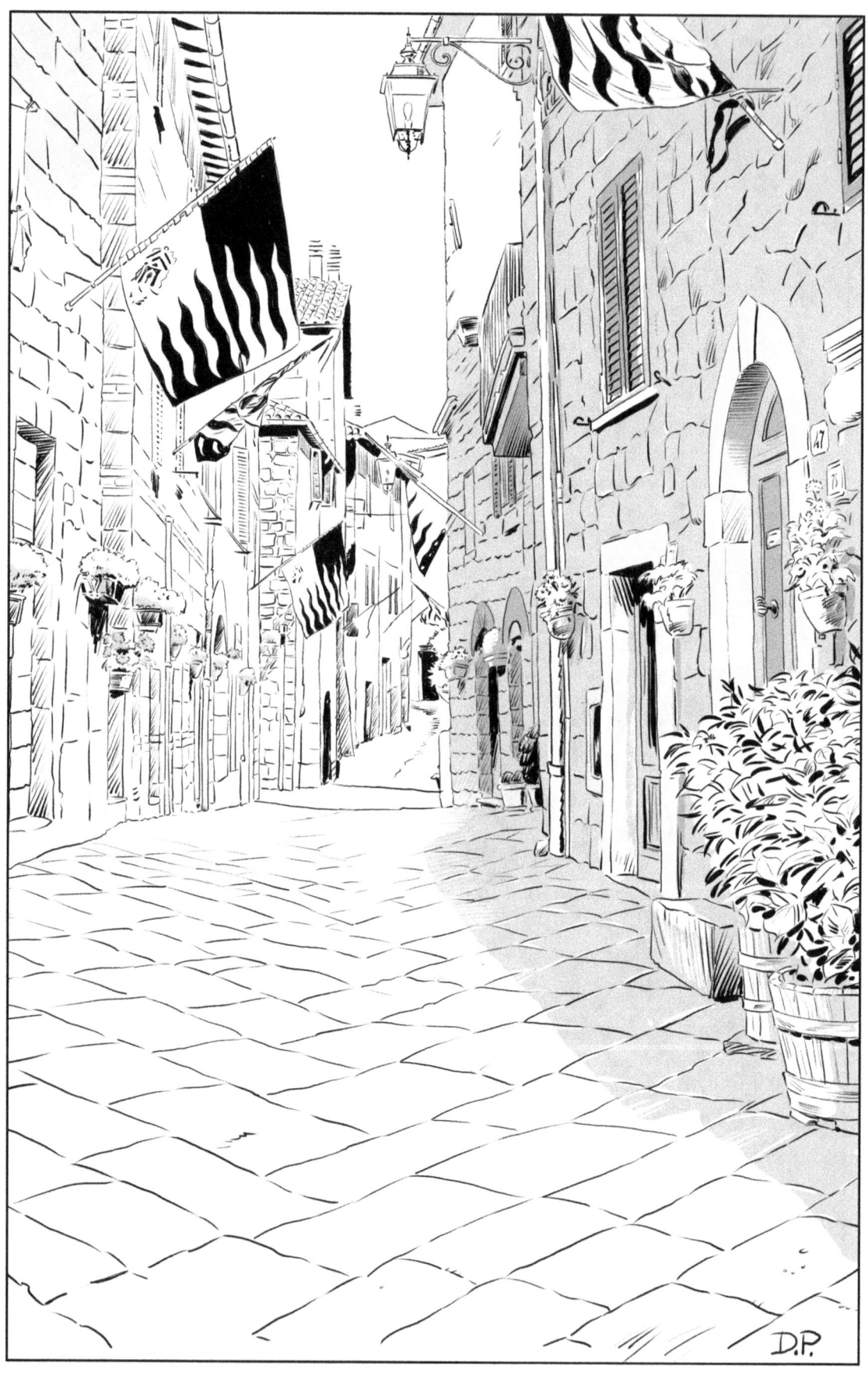

PIANCASTAGNAIO

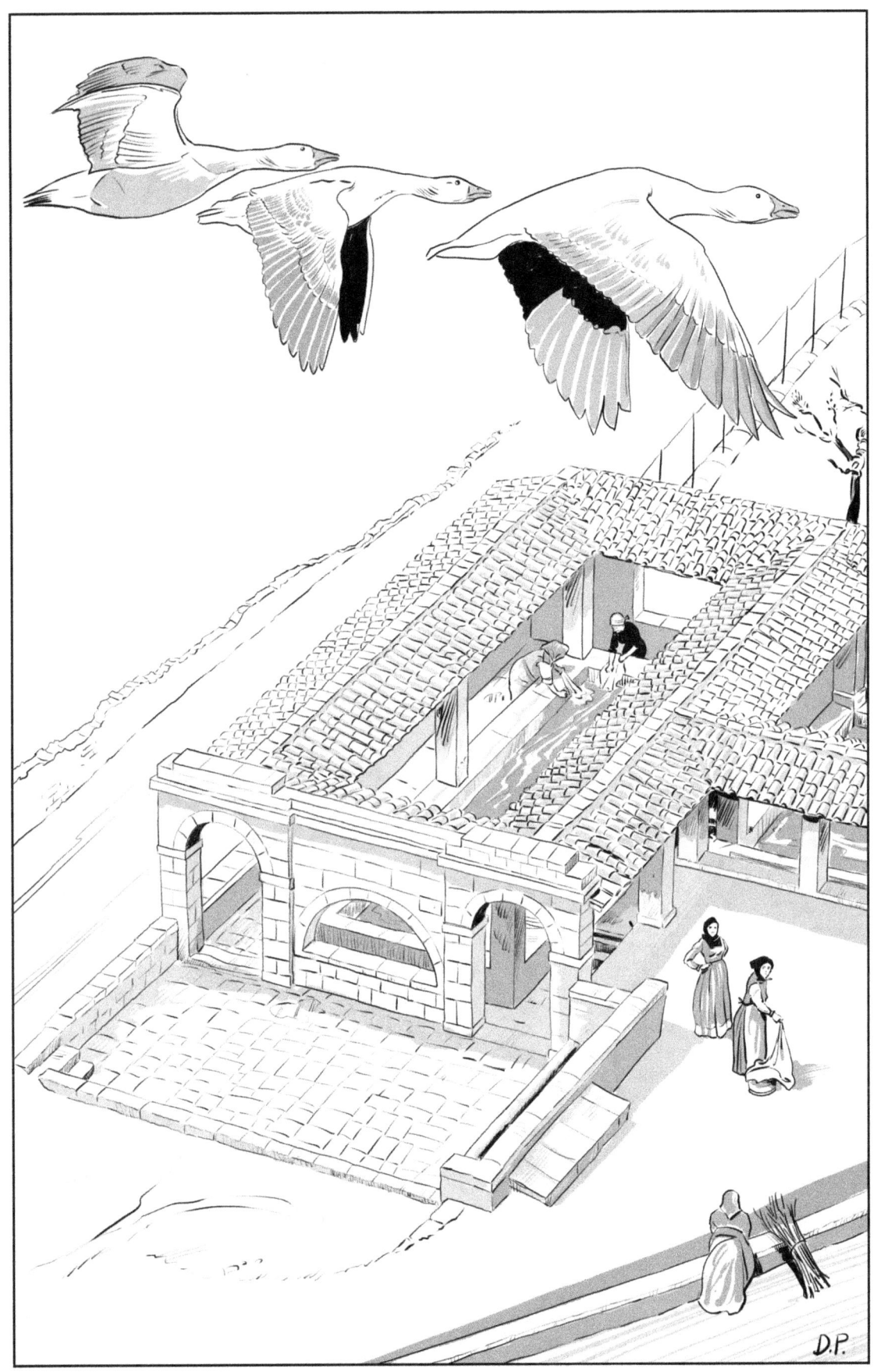

PIANCASTAGNAIO

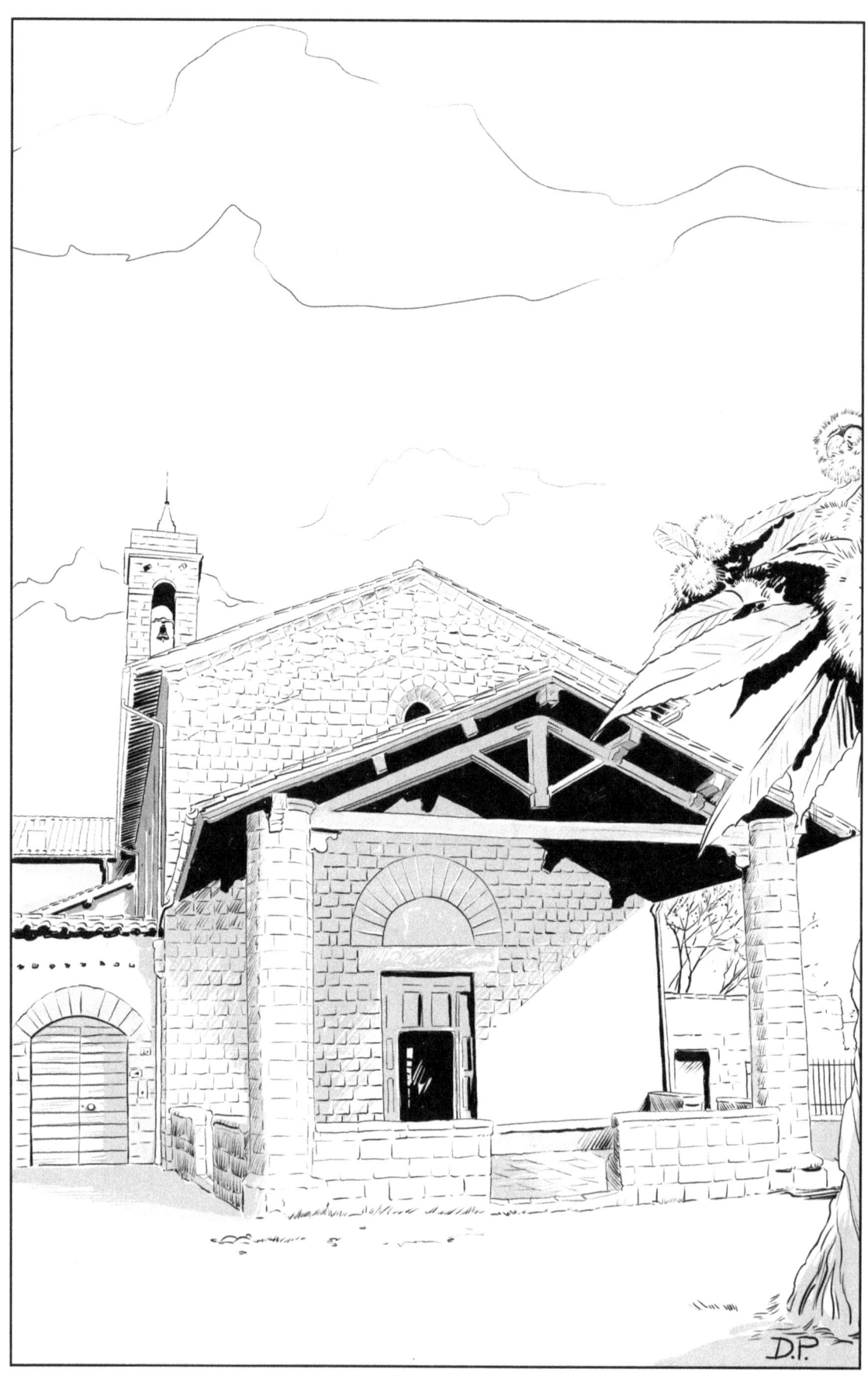

PIANCASTAGNAIO

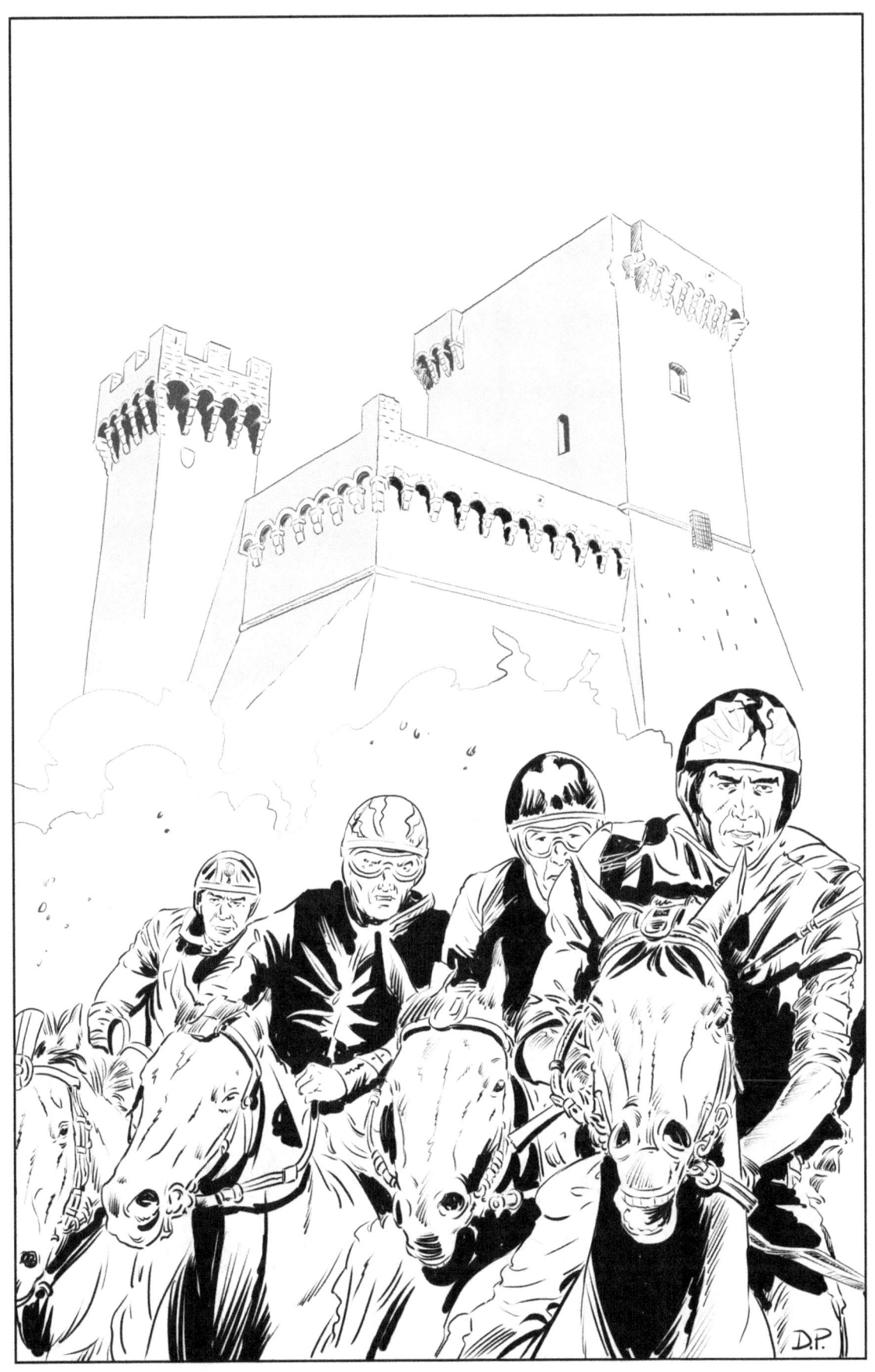

CASTELL'AZZARA

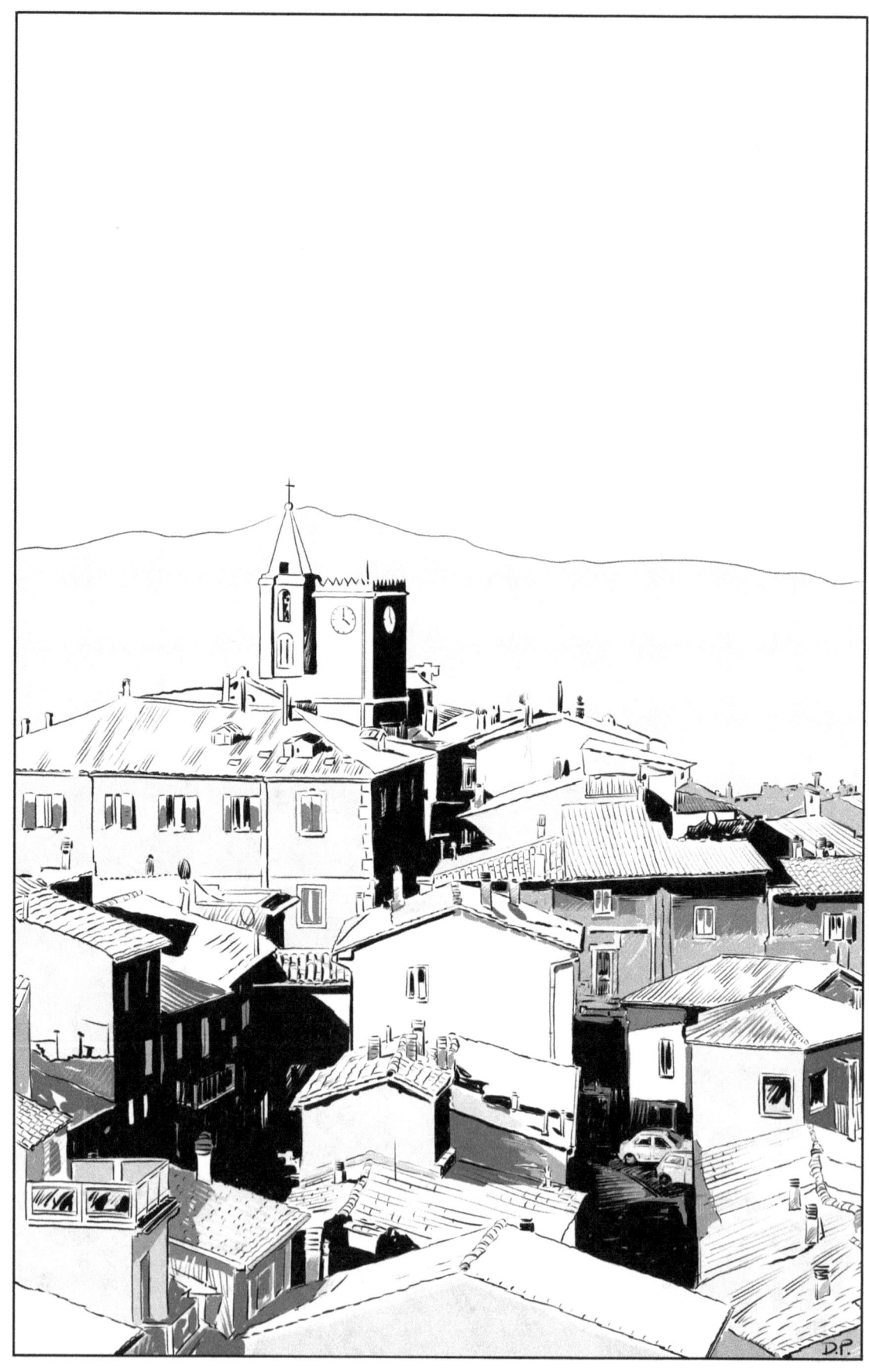

SELVENA

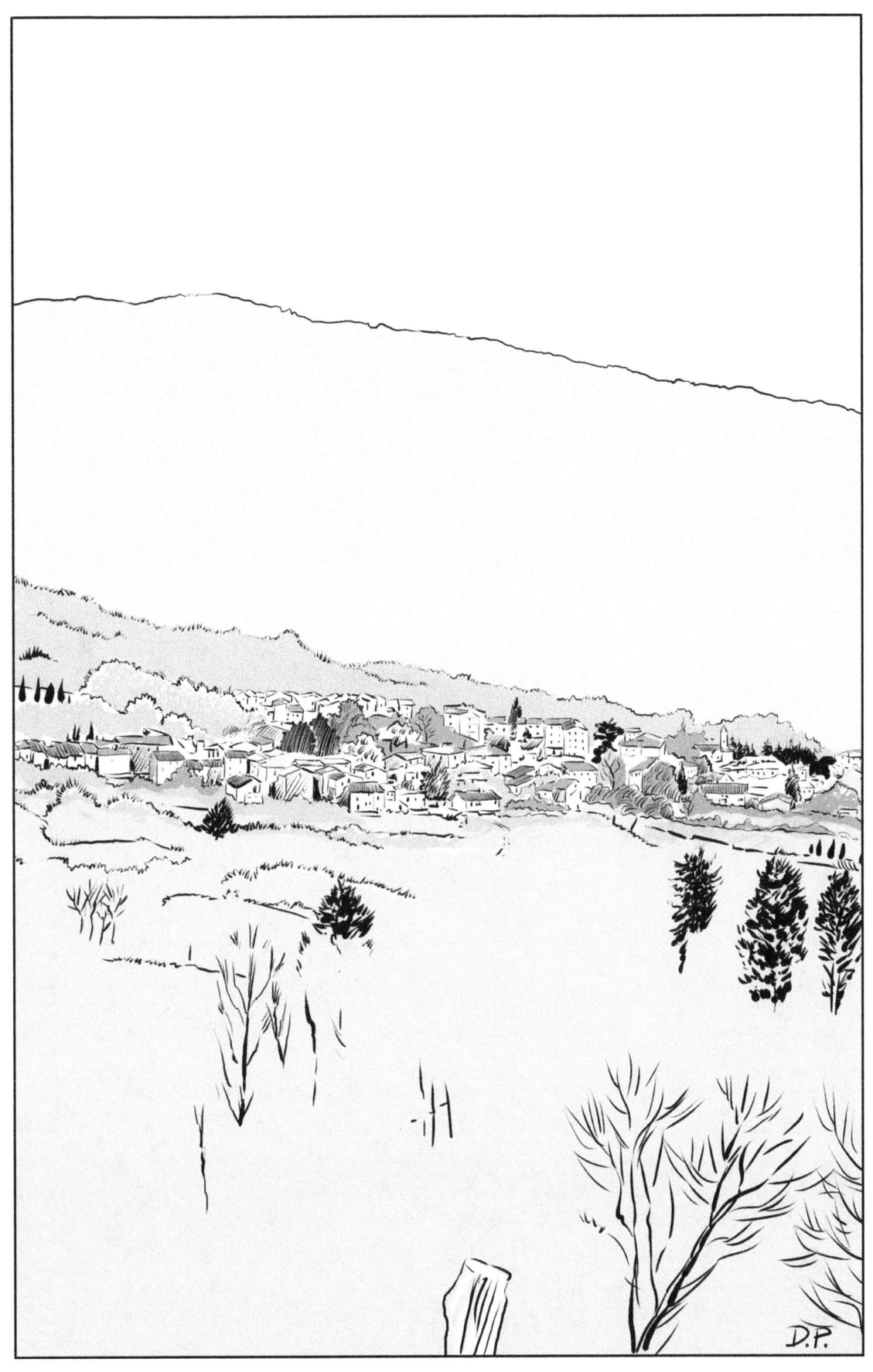

SELVENA - ROCCA SILVANA

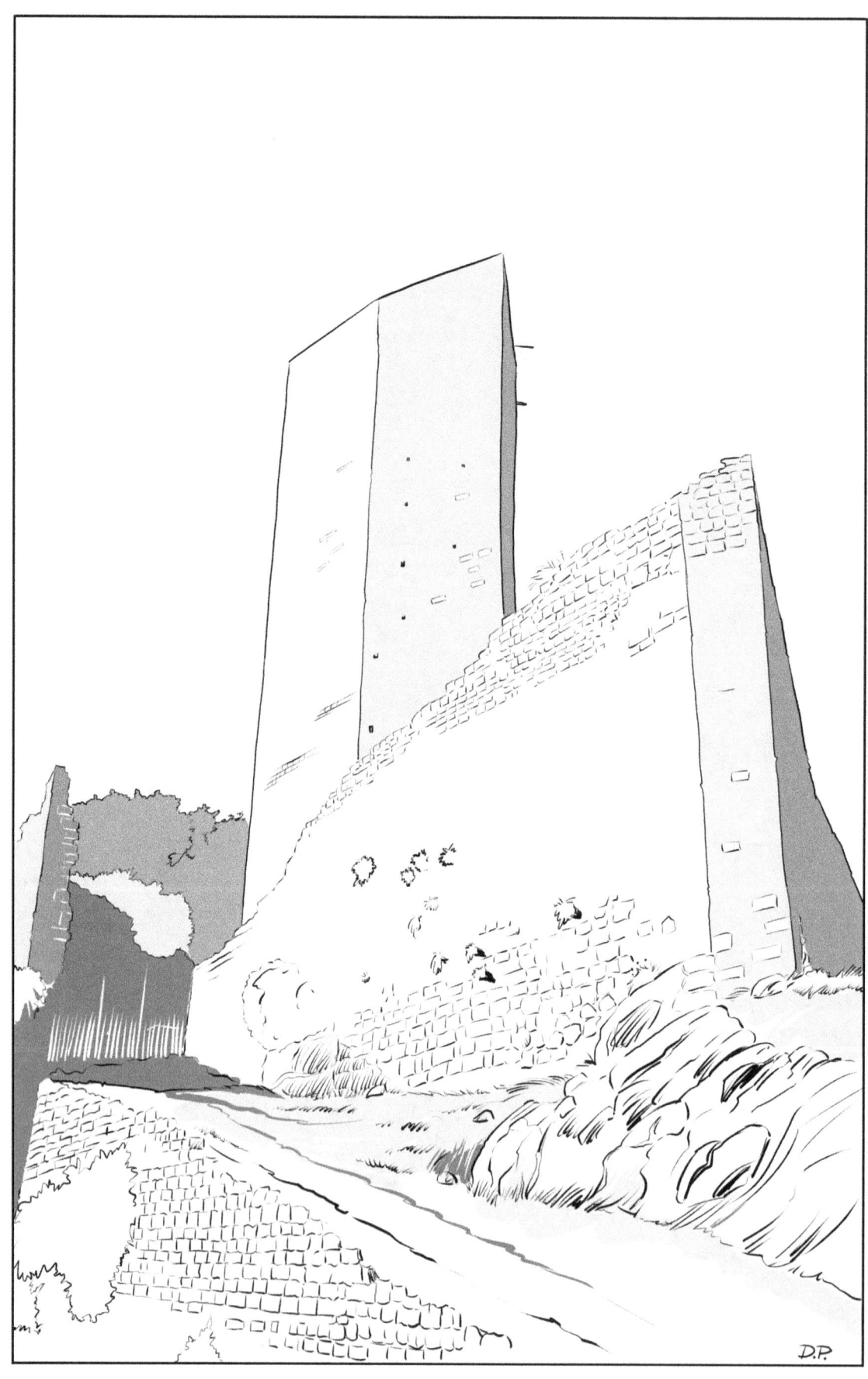

SNOW - S.FIORA

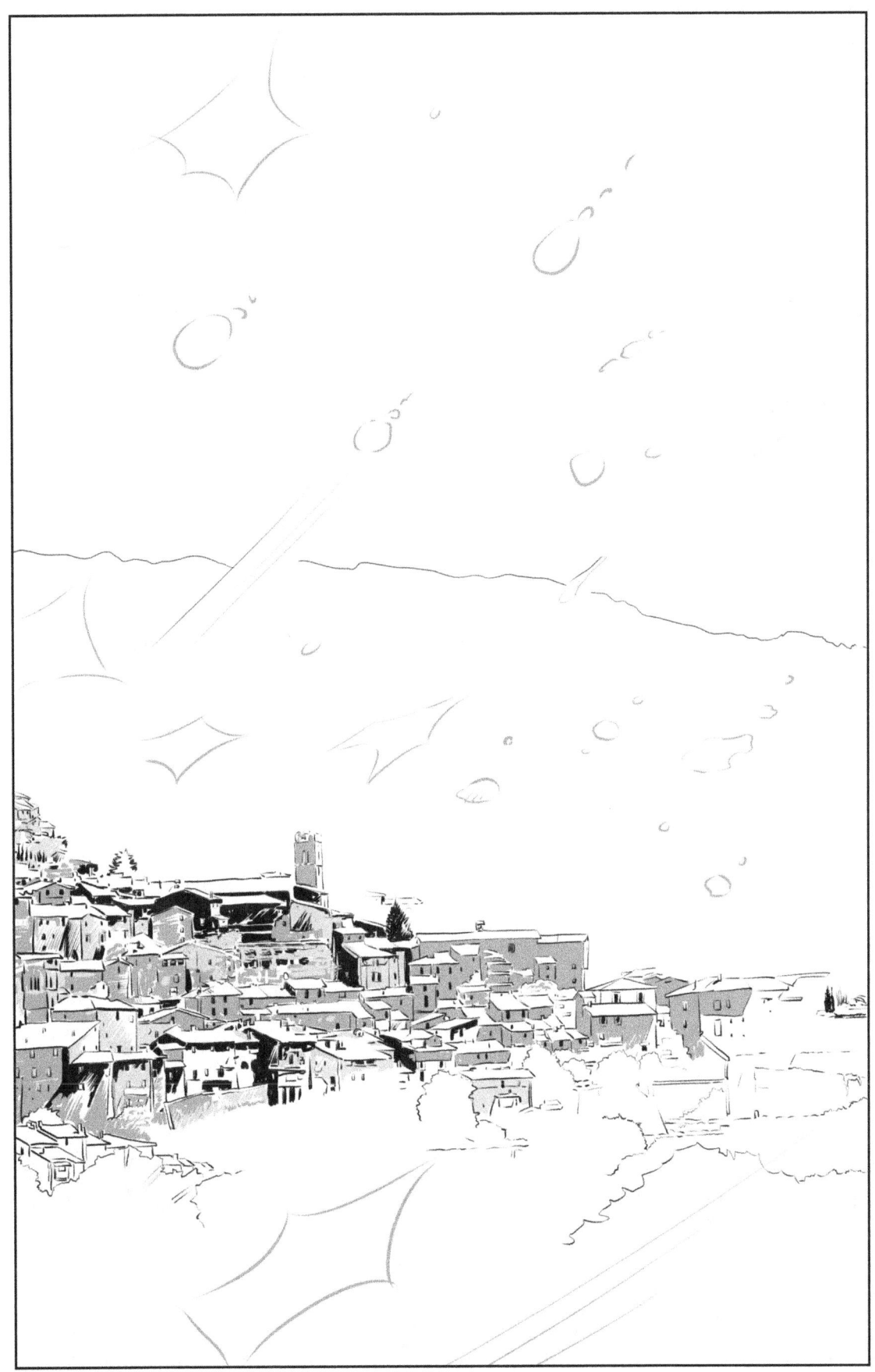

SANTA FIORA

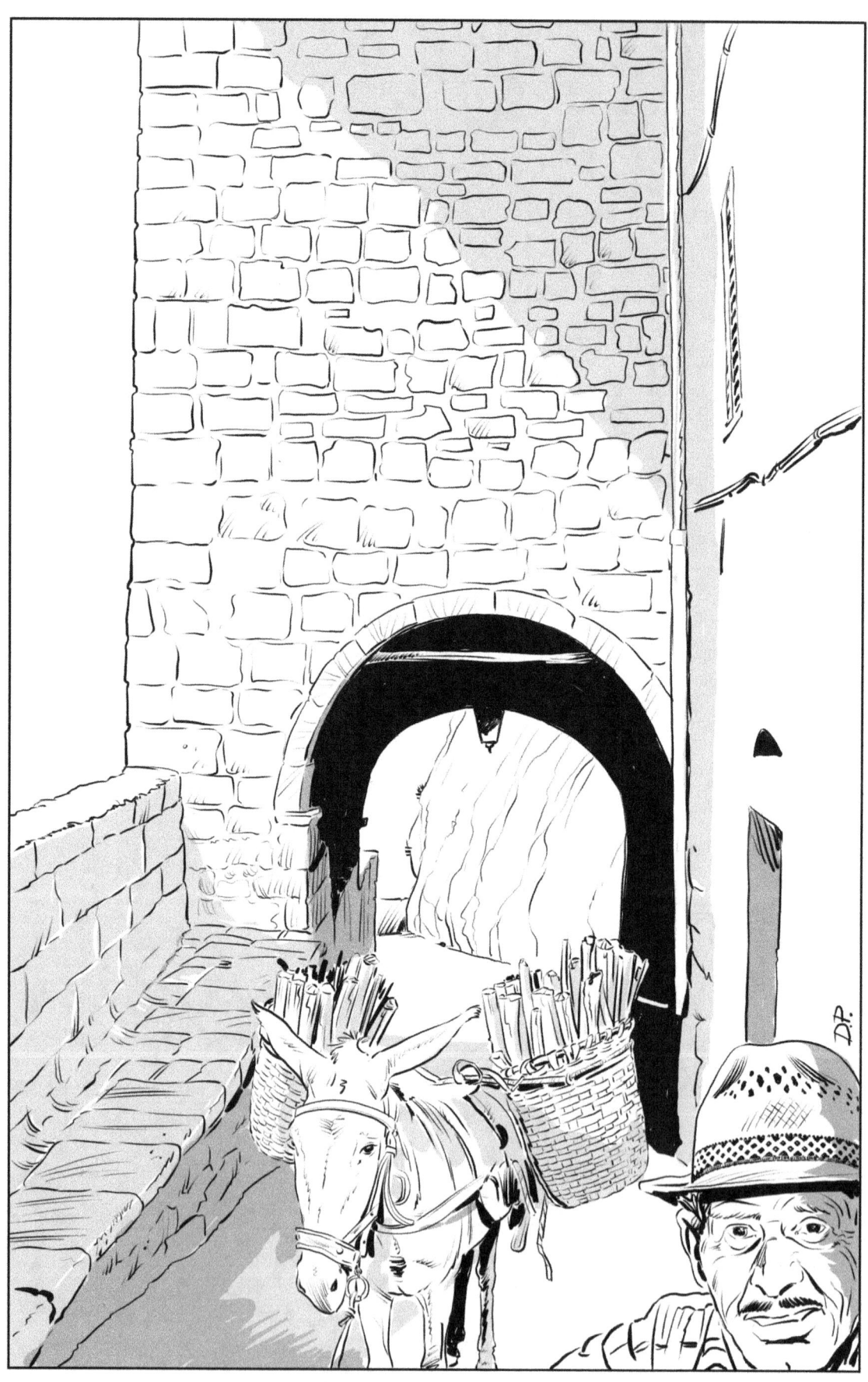

SANTA FIORA

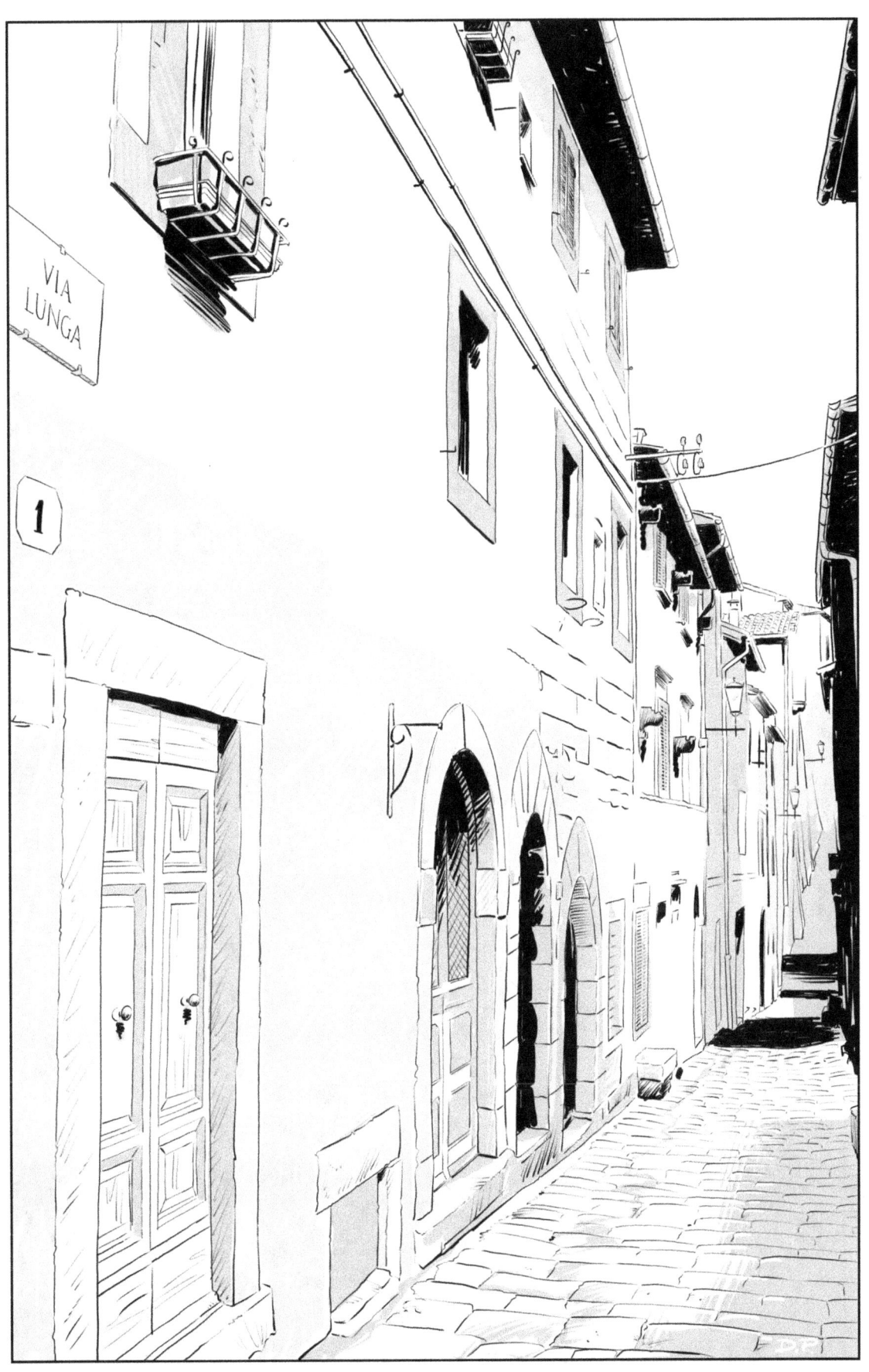

PAG. 23

SANTA FIORA

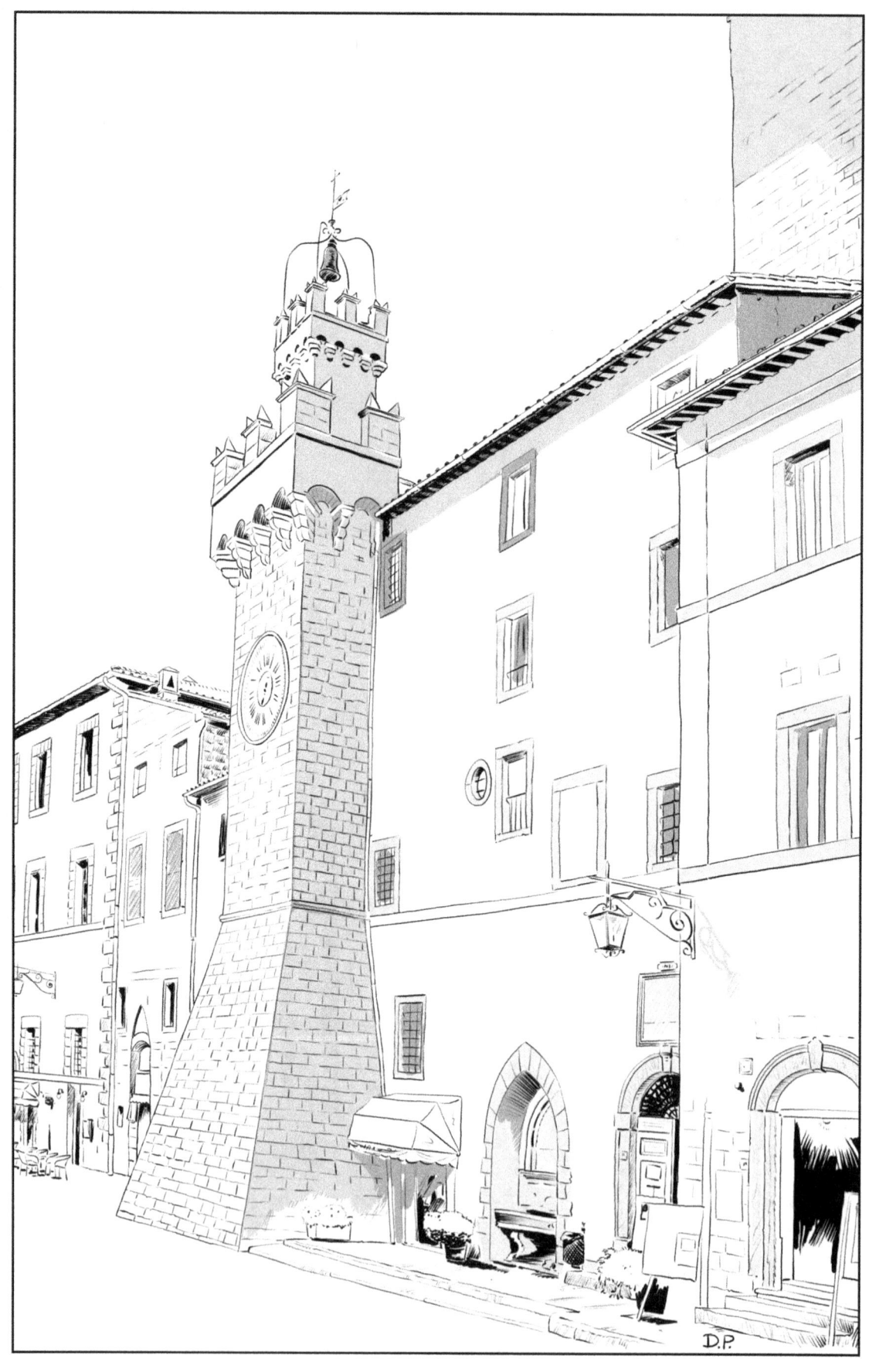

SANTA FIORA

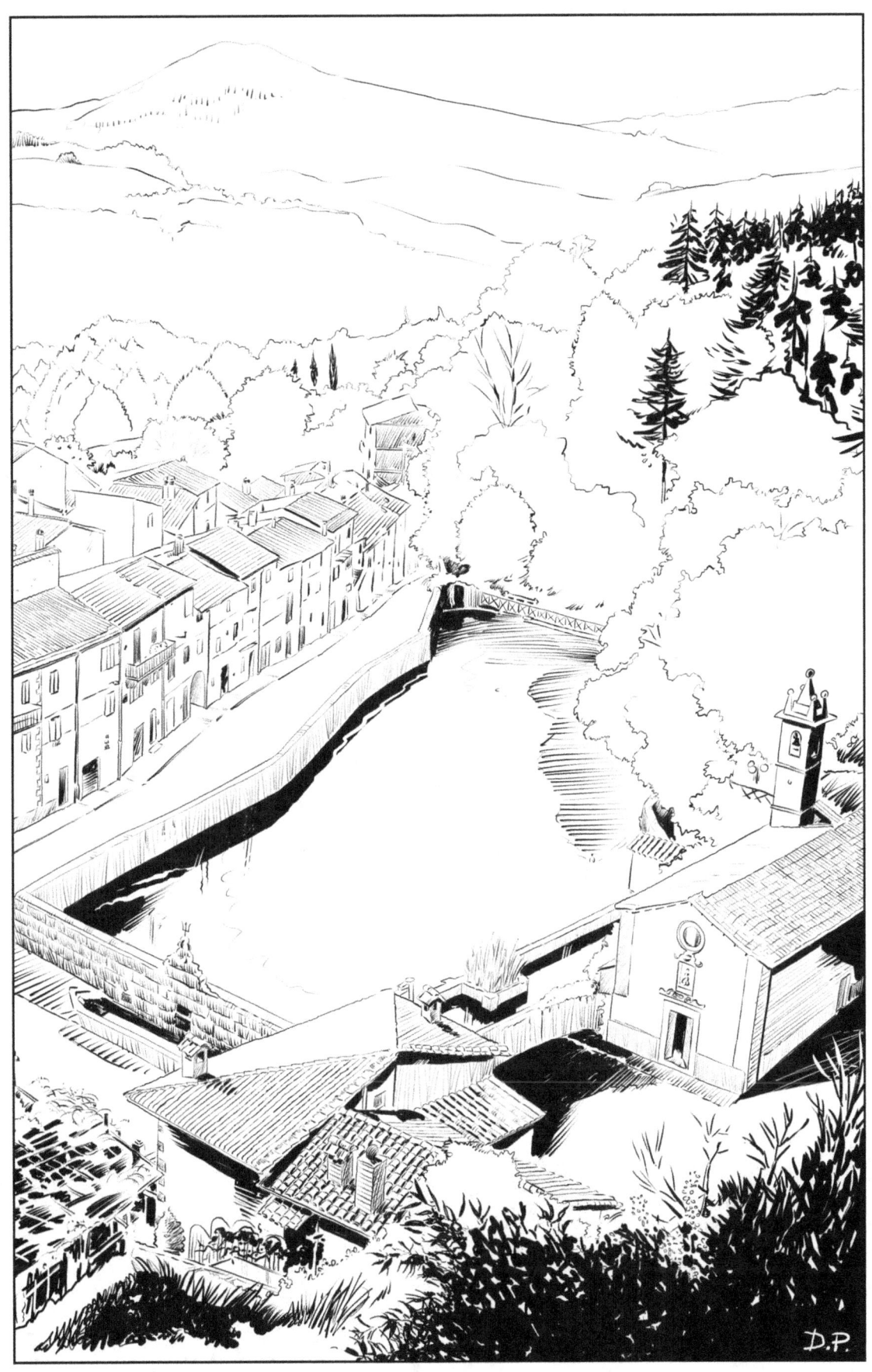

SEMPRONIANO

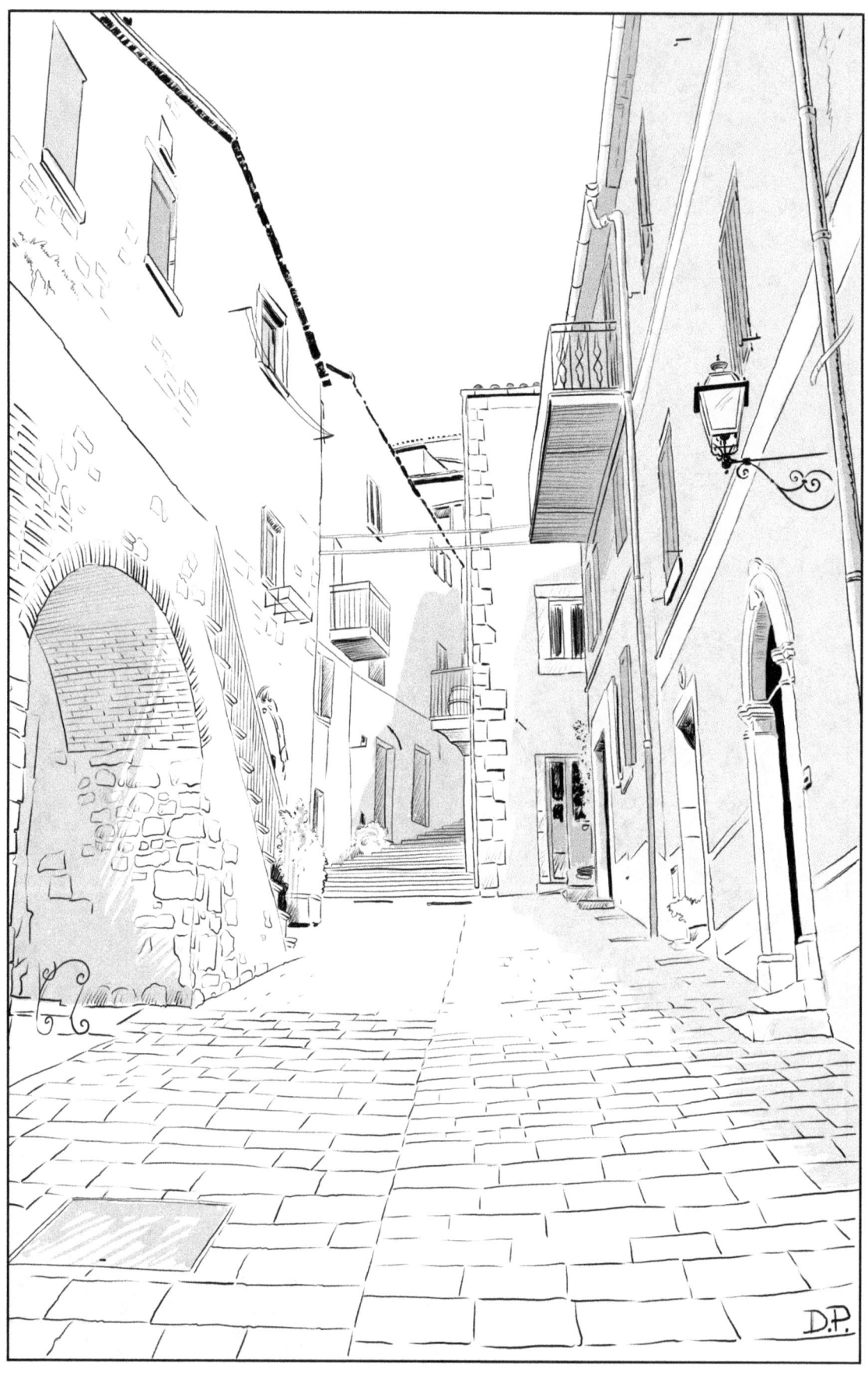

SEMPRONIANO

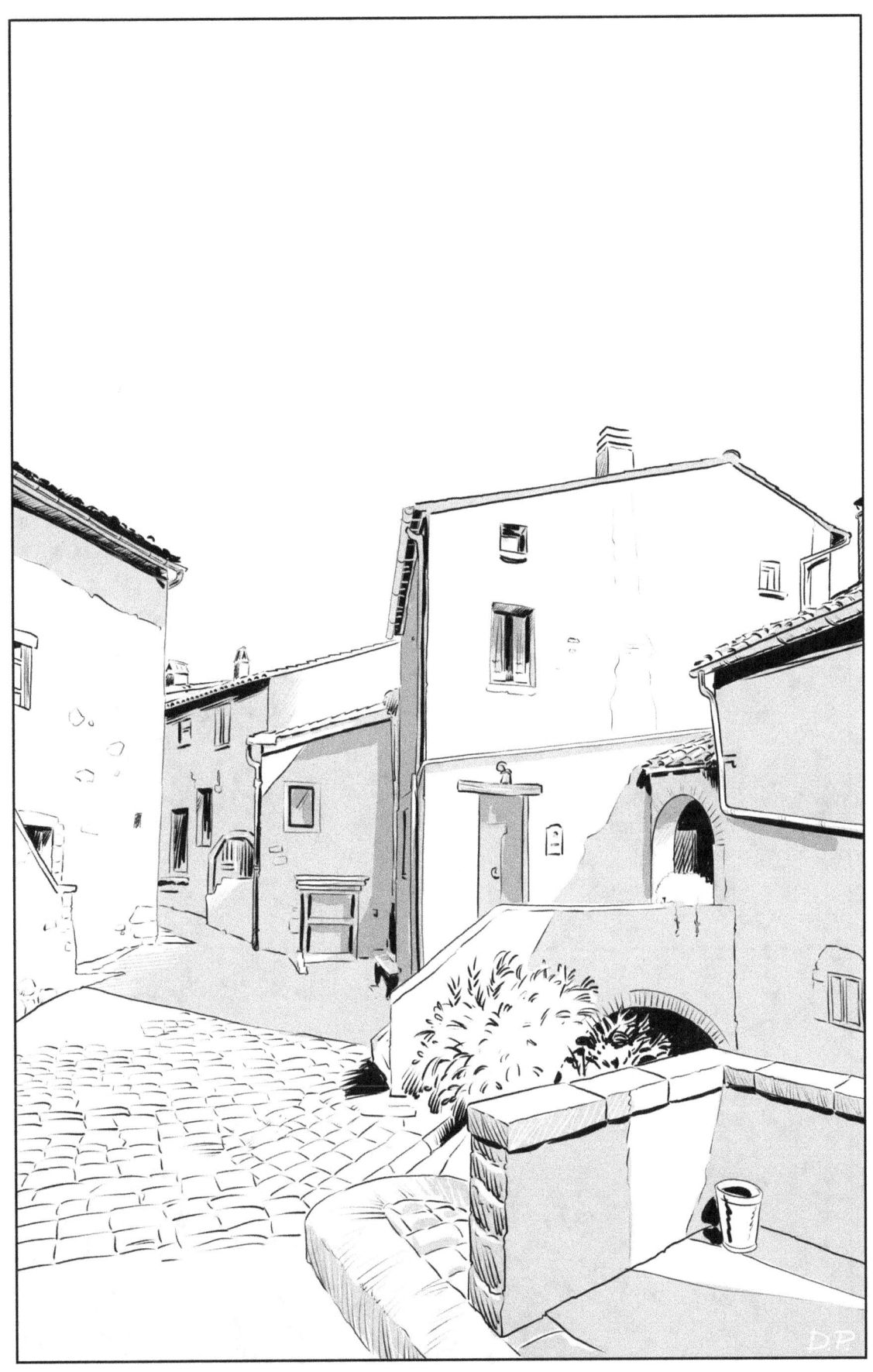

ROCCHETTE DI FAZIO - SEMPRONIANO

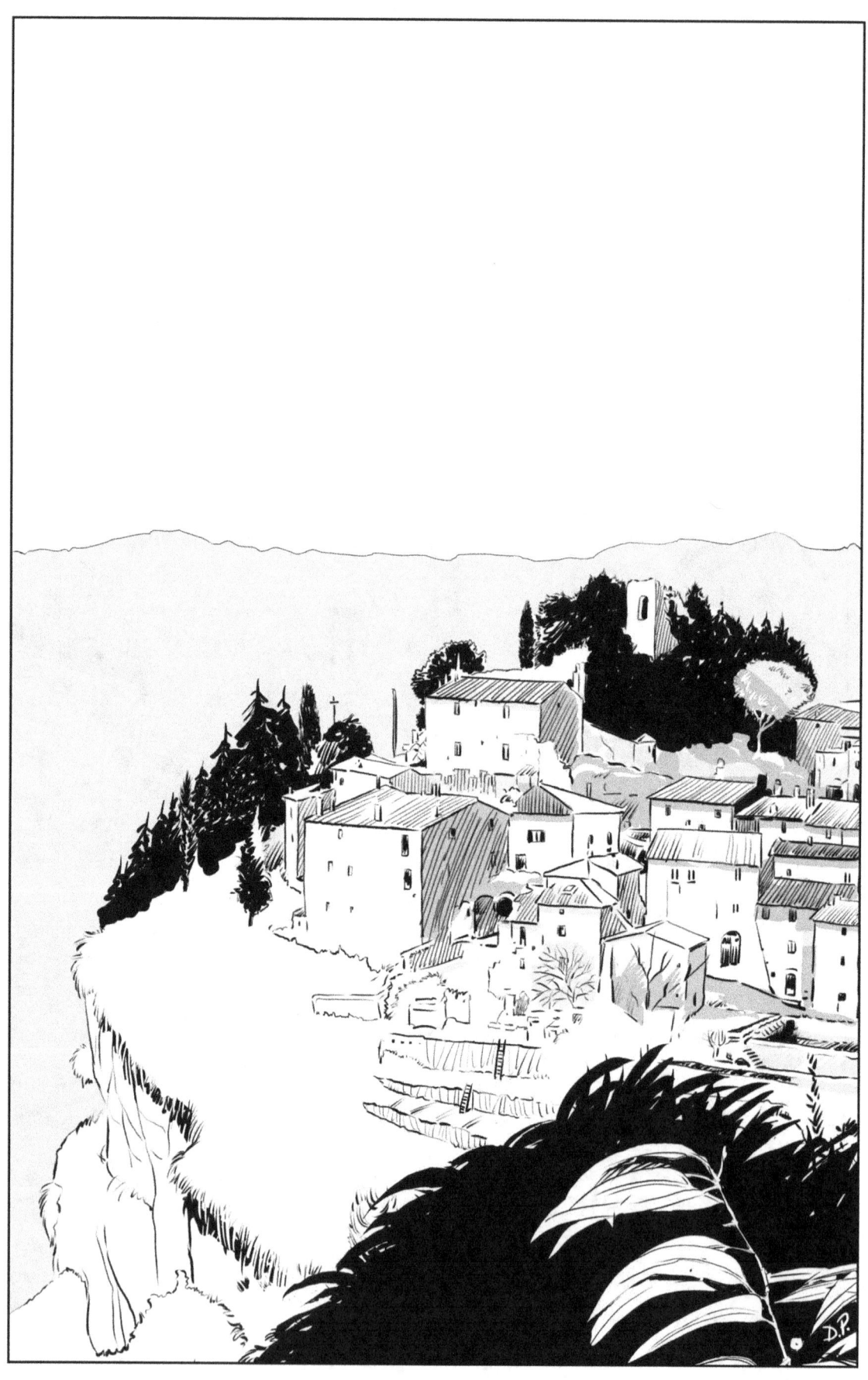

ROCCHETTE DI FAZIO - SEMPRONIANO

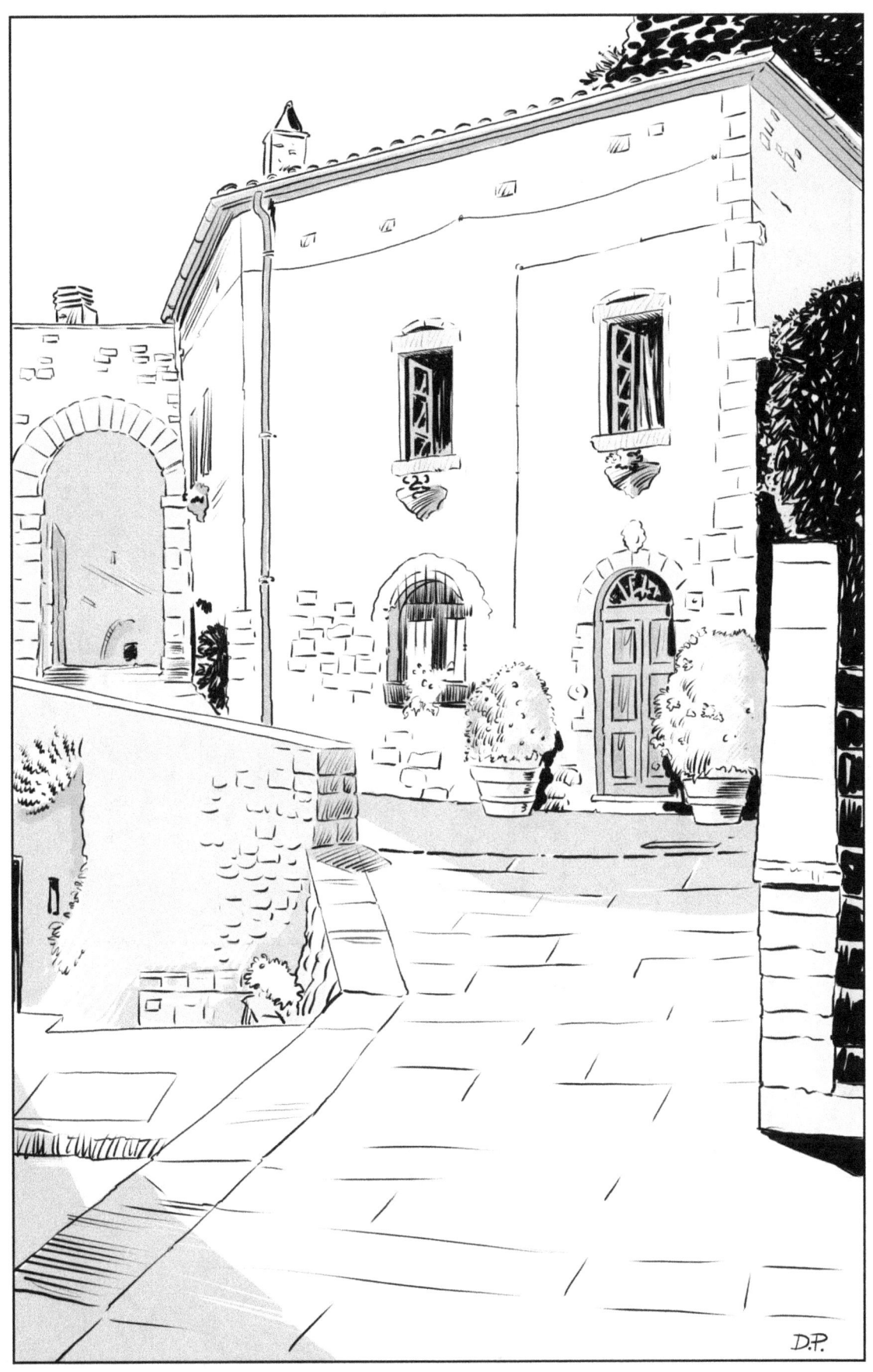

SATURNIA

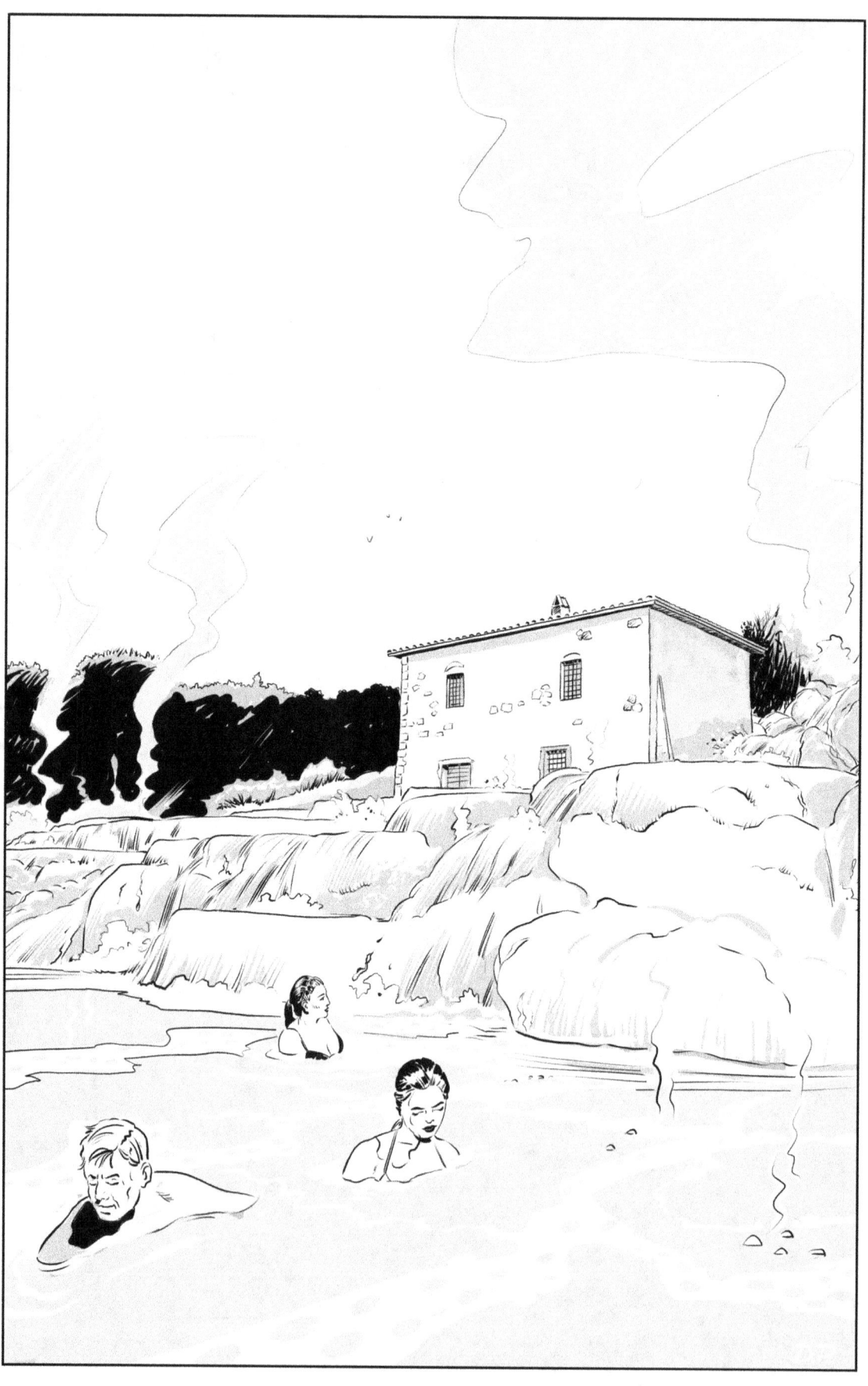

PAG. 30

ROCCALBEGNA

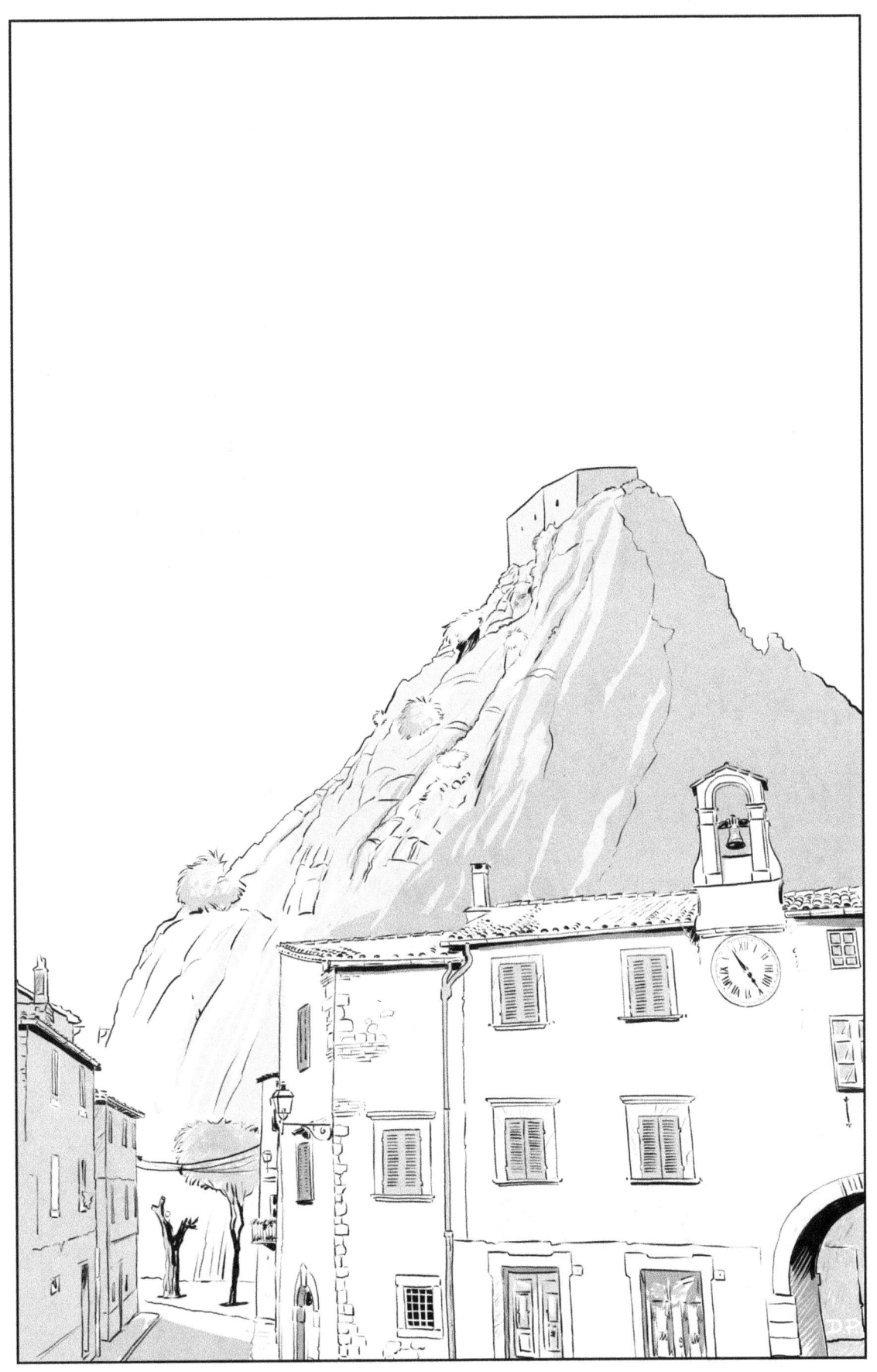

TRIANA - ROCCALBEGNA

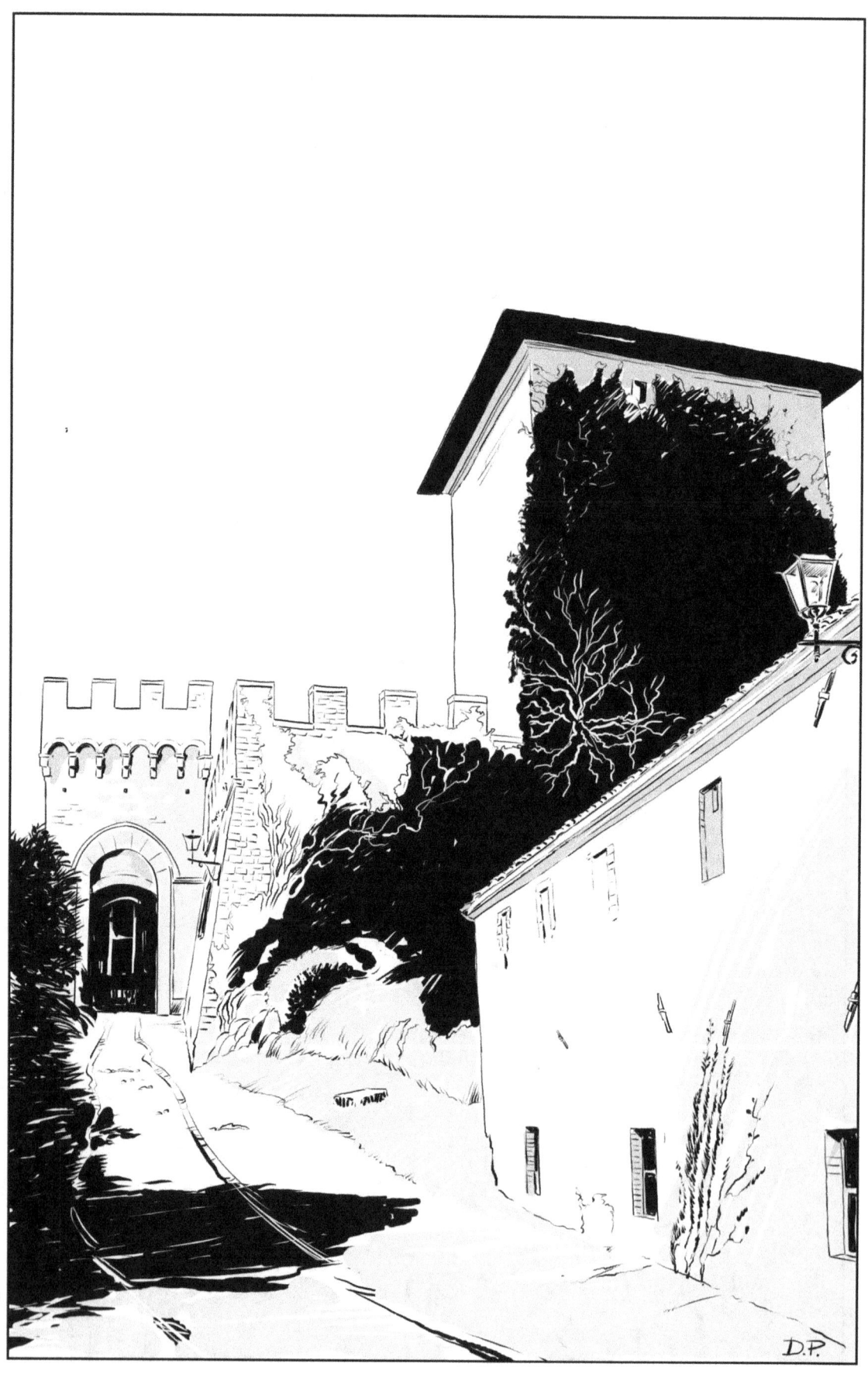

MONTE LABBRO - ARCIDOSSO

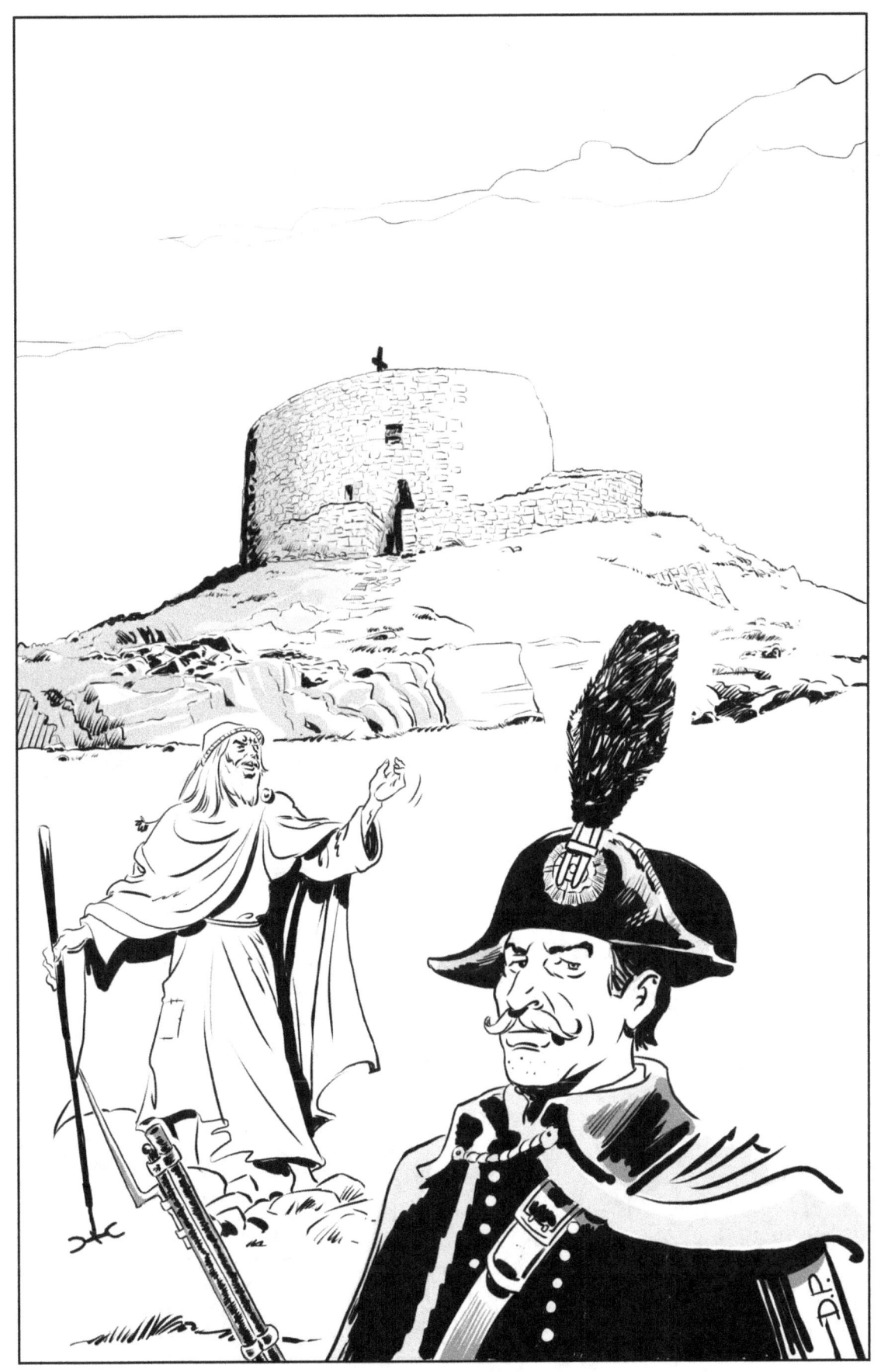

ARCIDOSSO

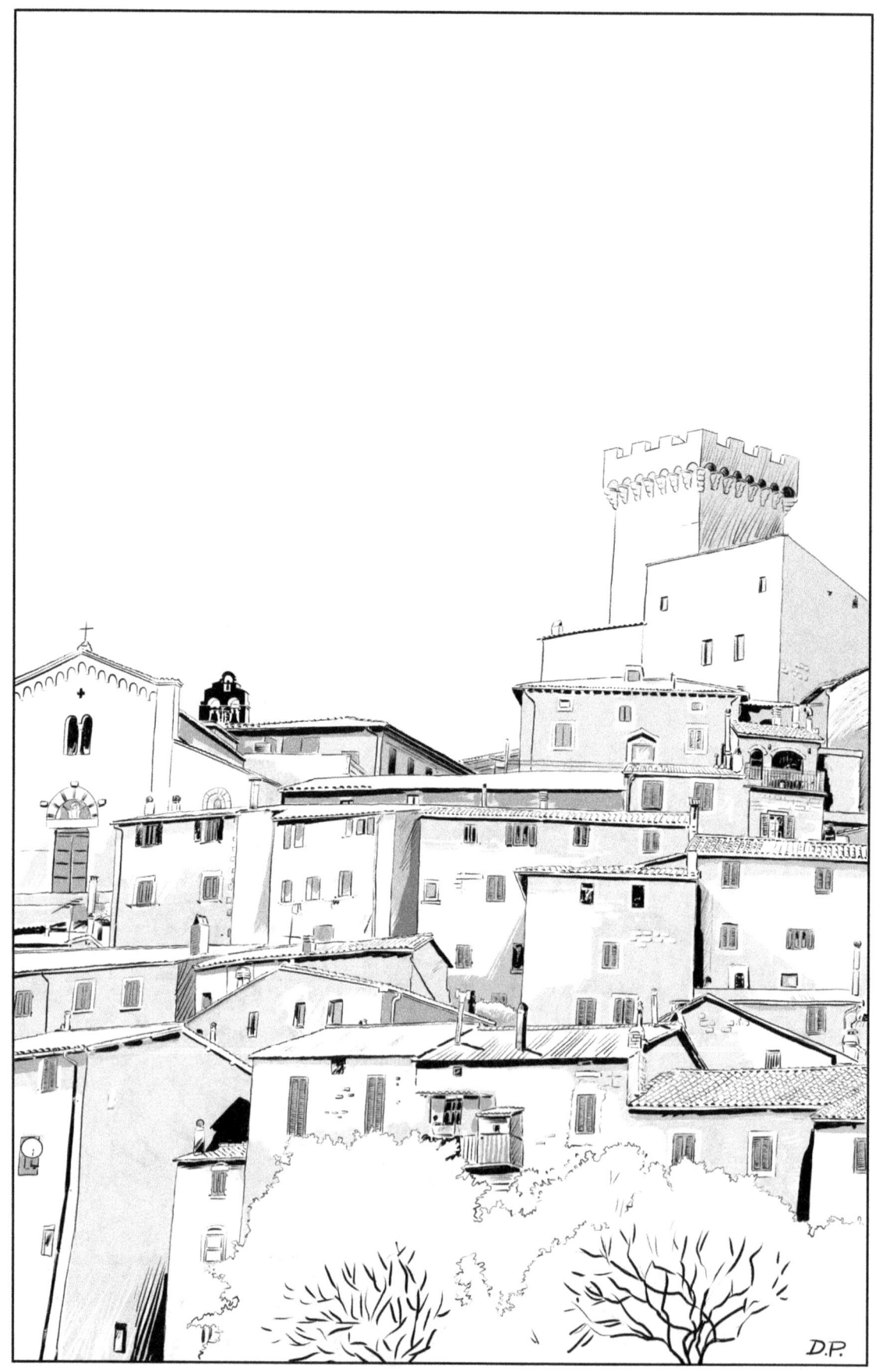

ARCIDOSSO

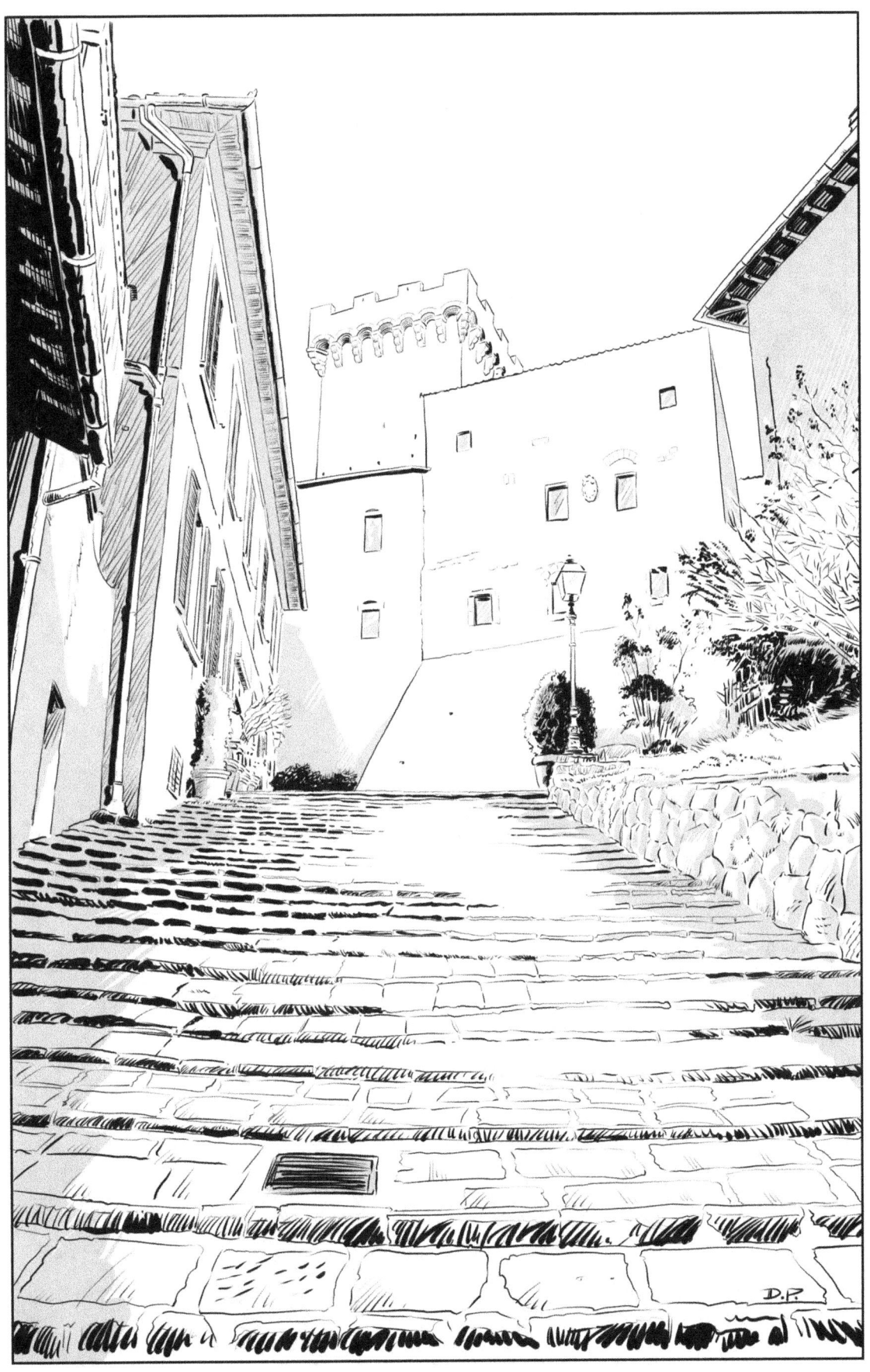

ARCIDOSSO

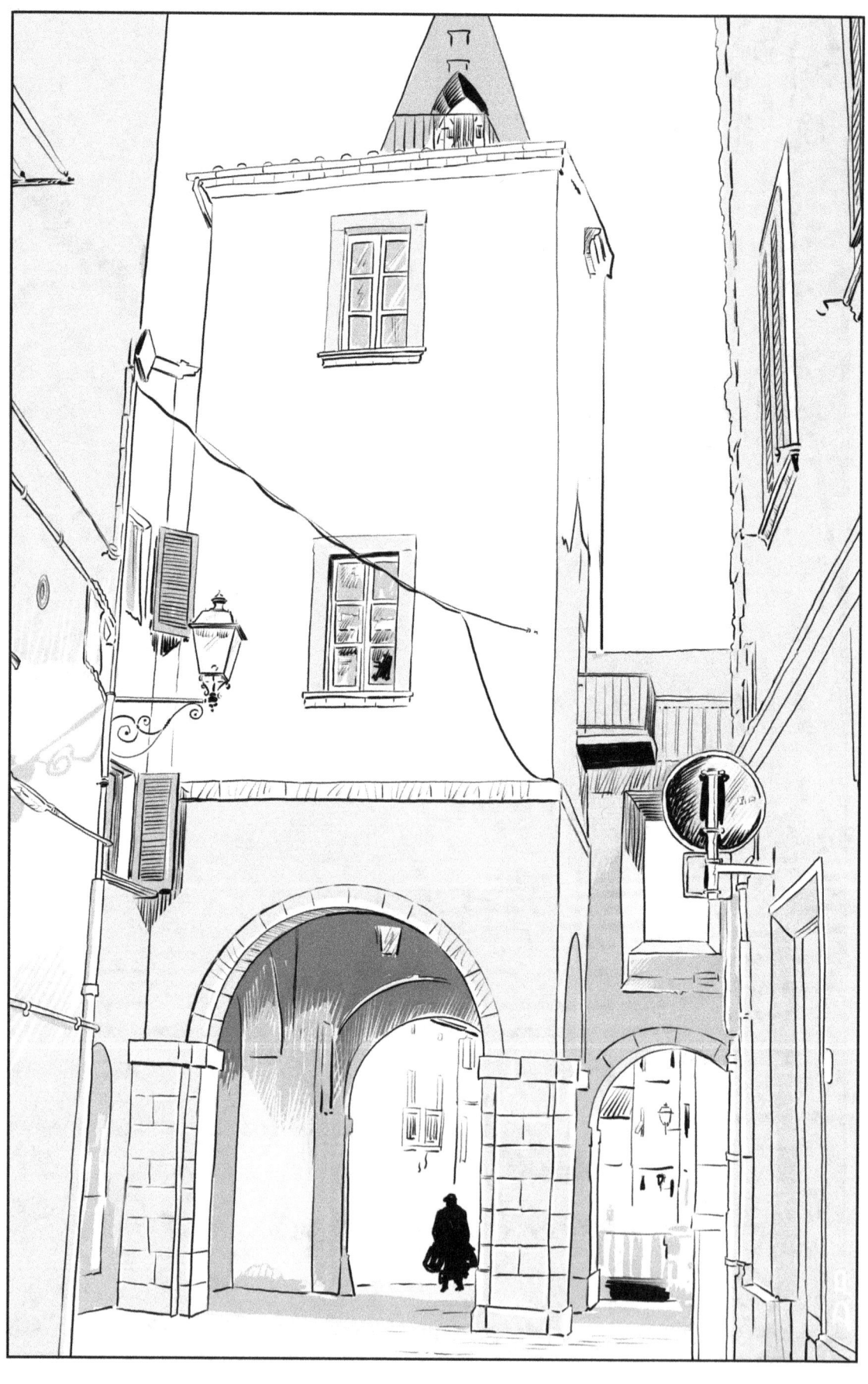

ARCIDOSSO

CASTEL DEL PIANO

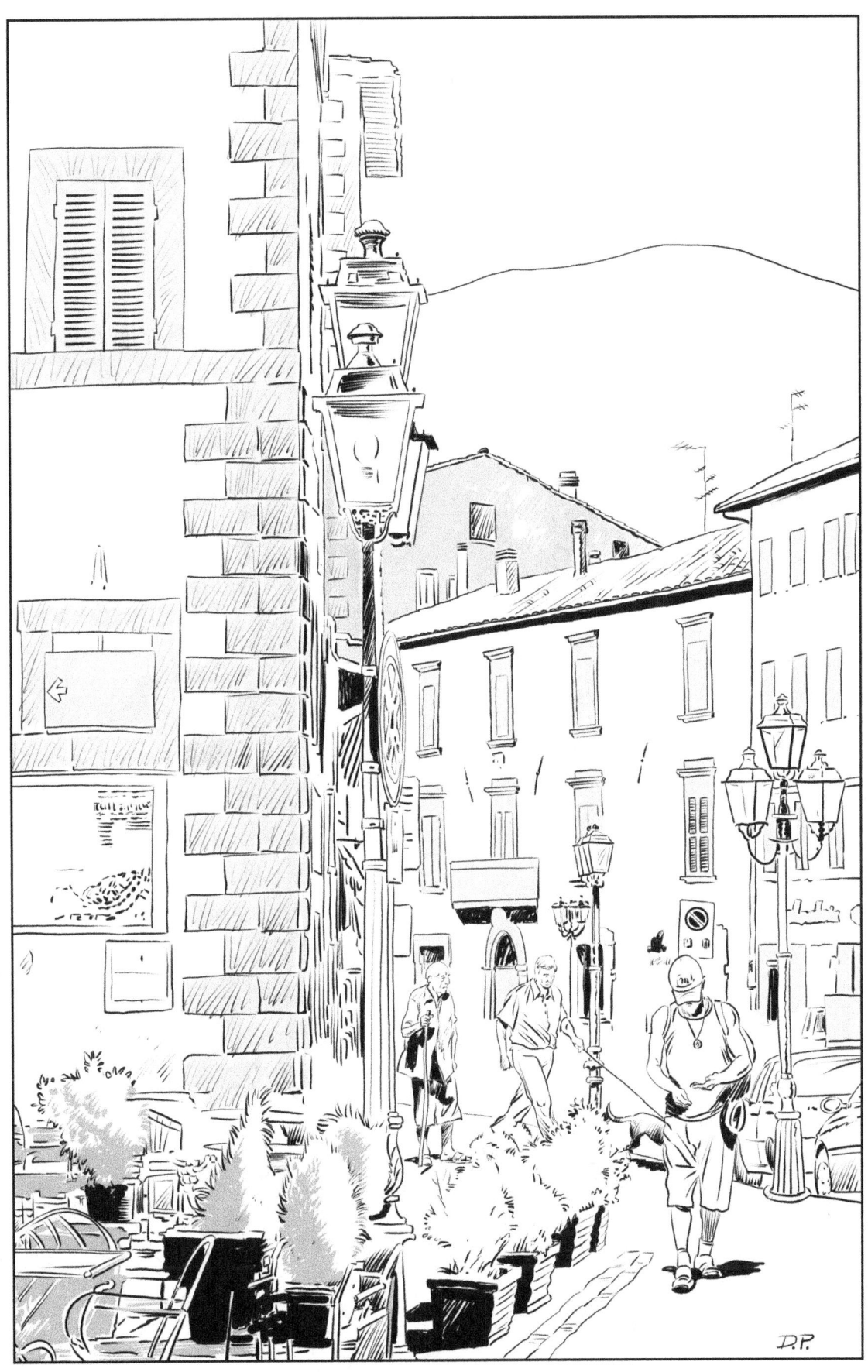

CASTEL DEL PIANO

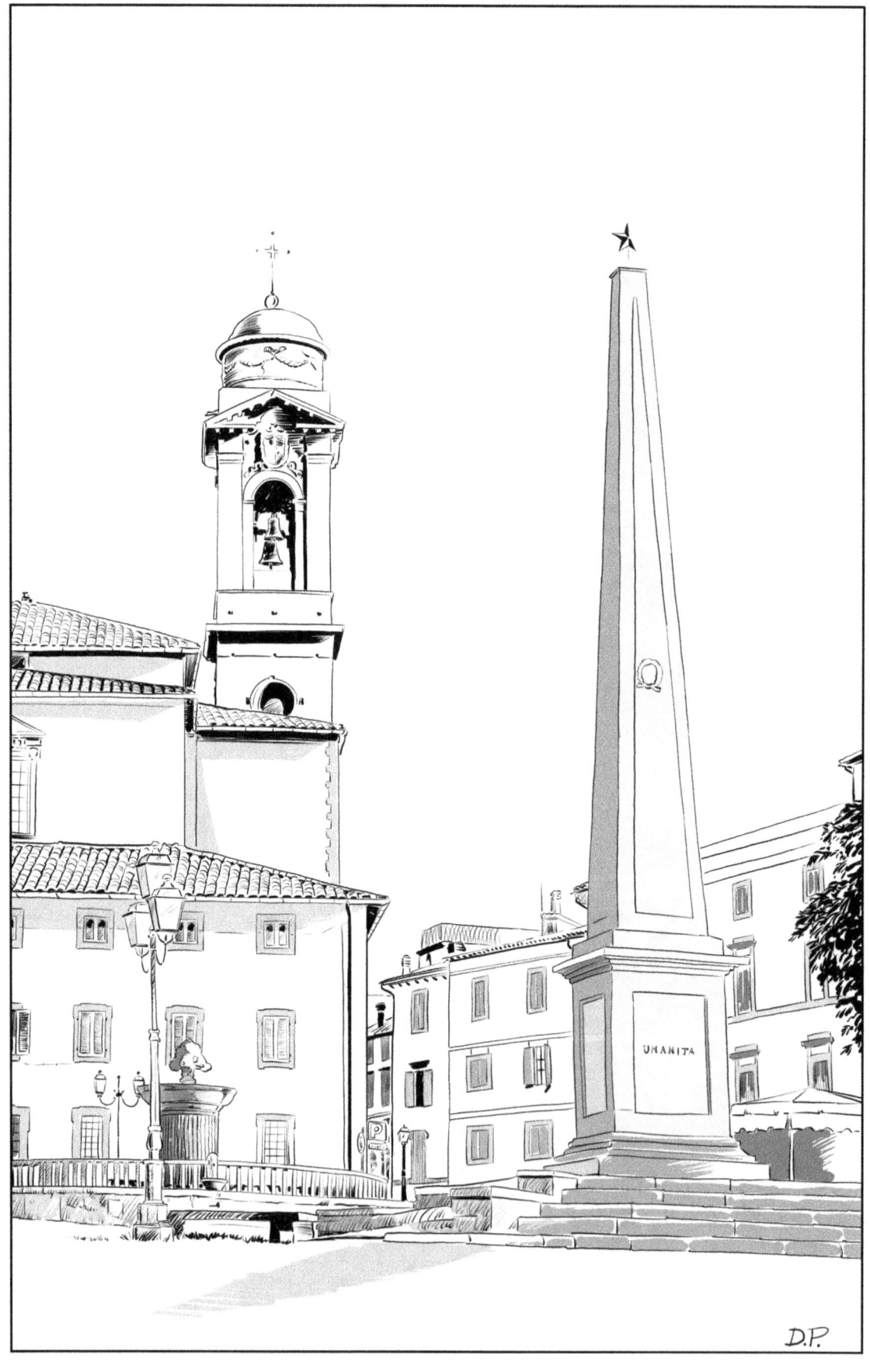

MONTELATERONE

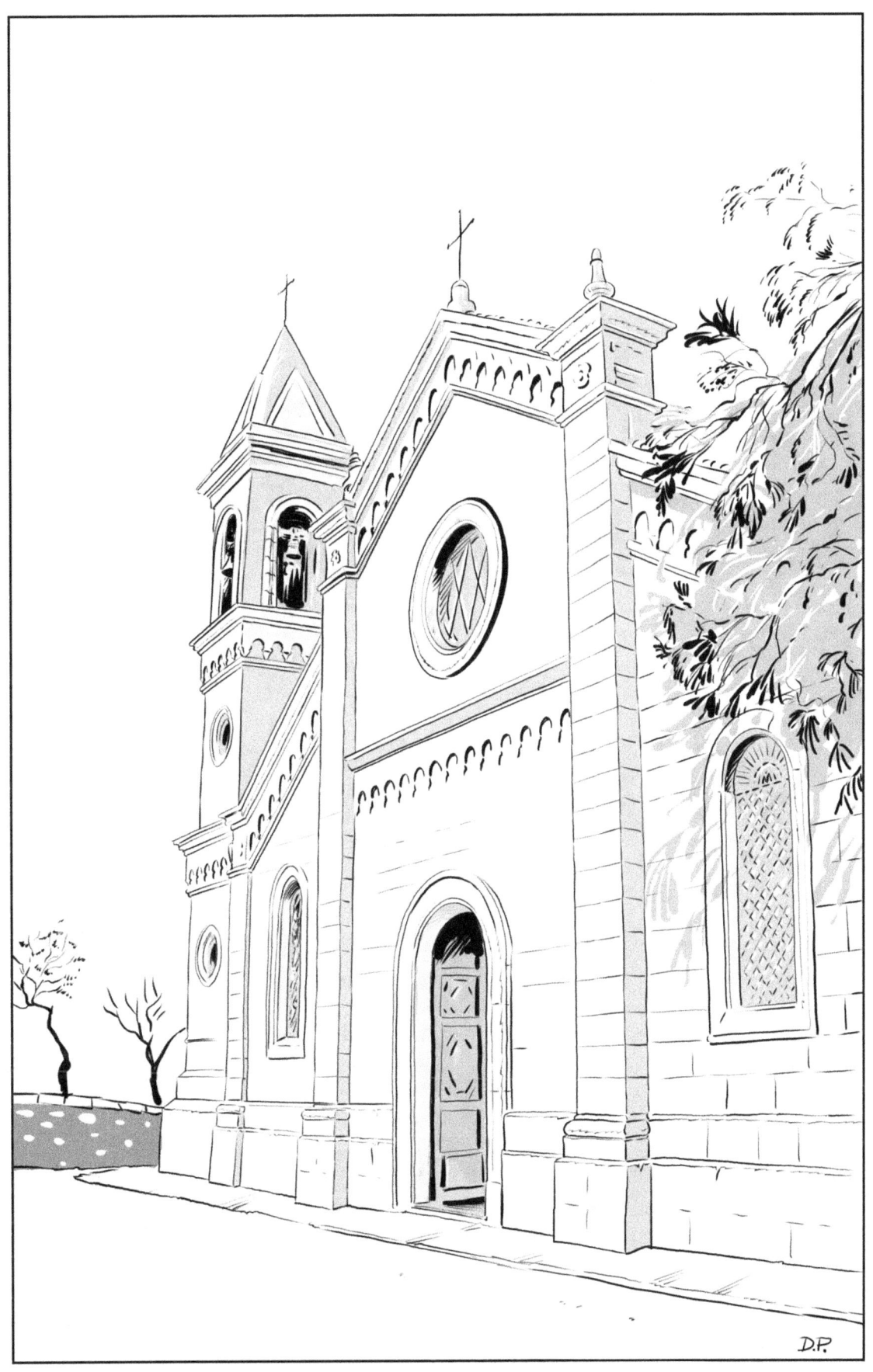

CINIGIANO

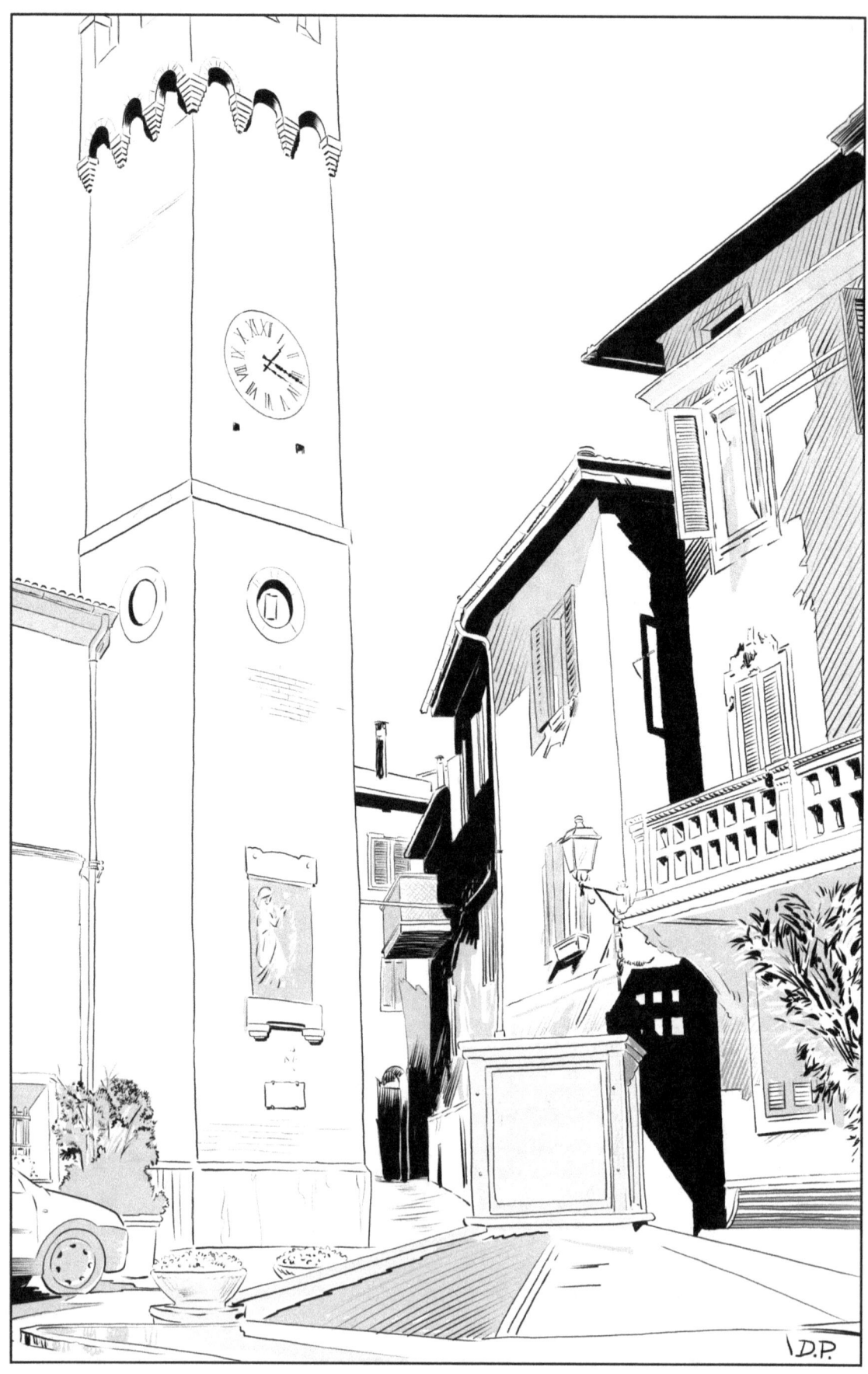

SEGGIANO

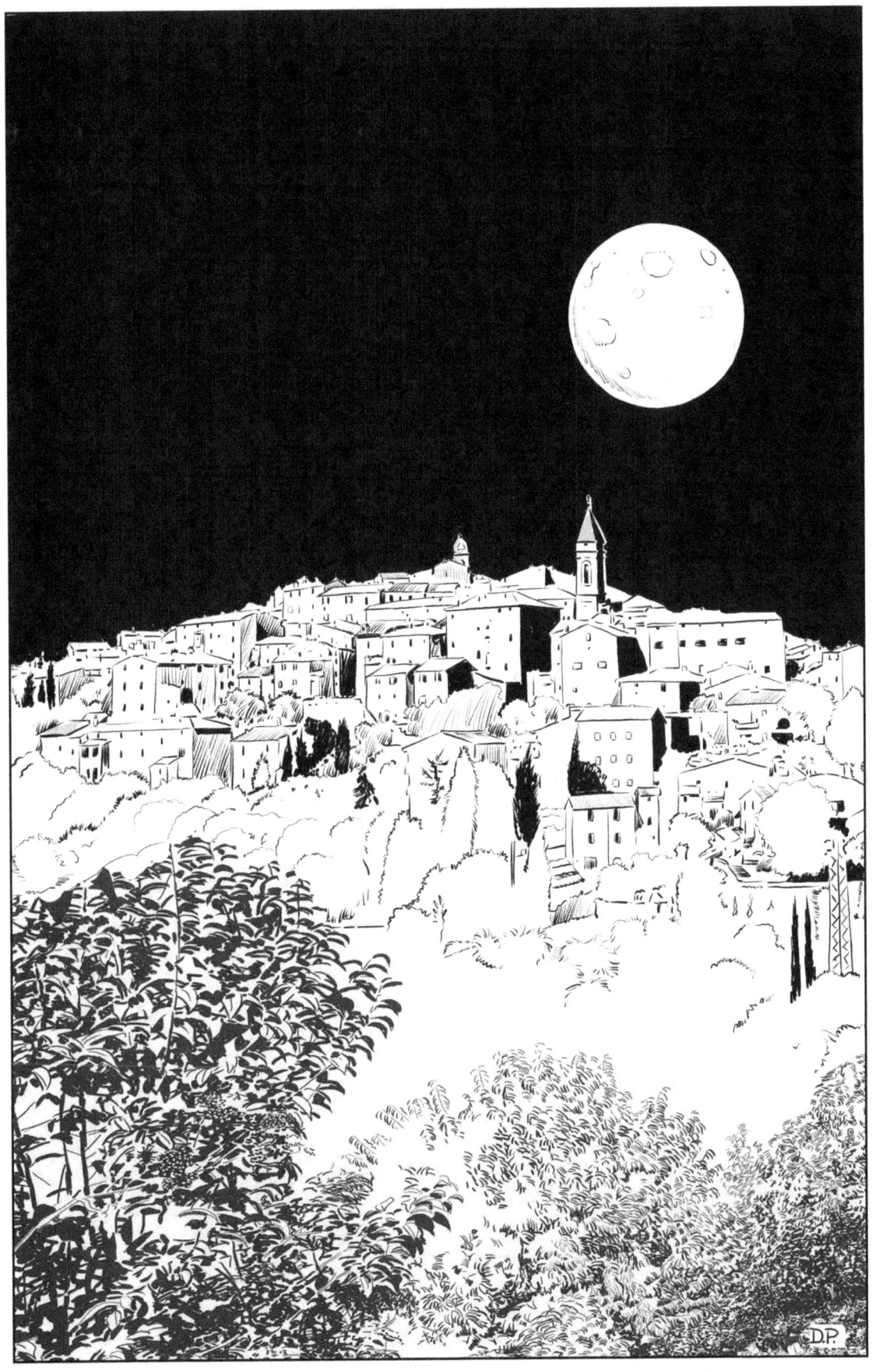

VIVO D'ORCIA

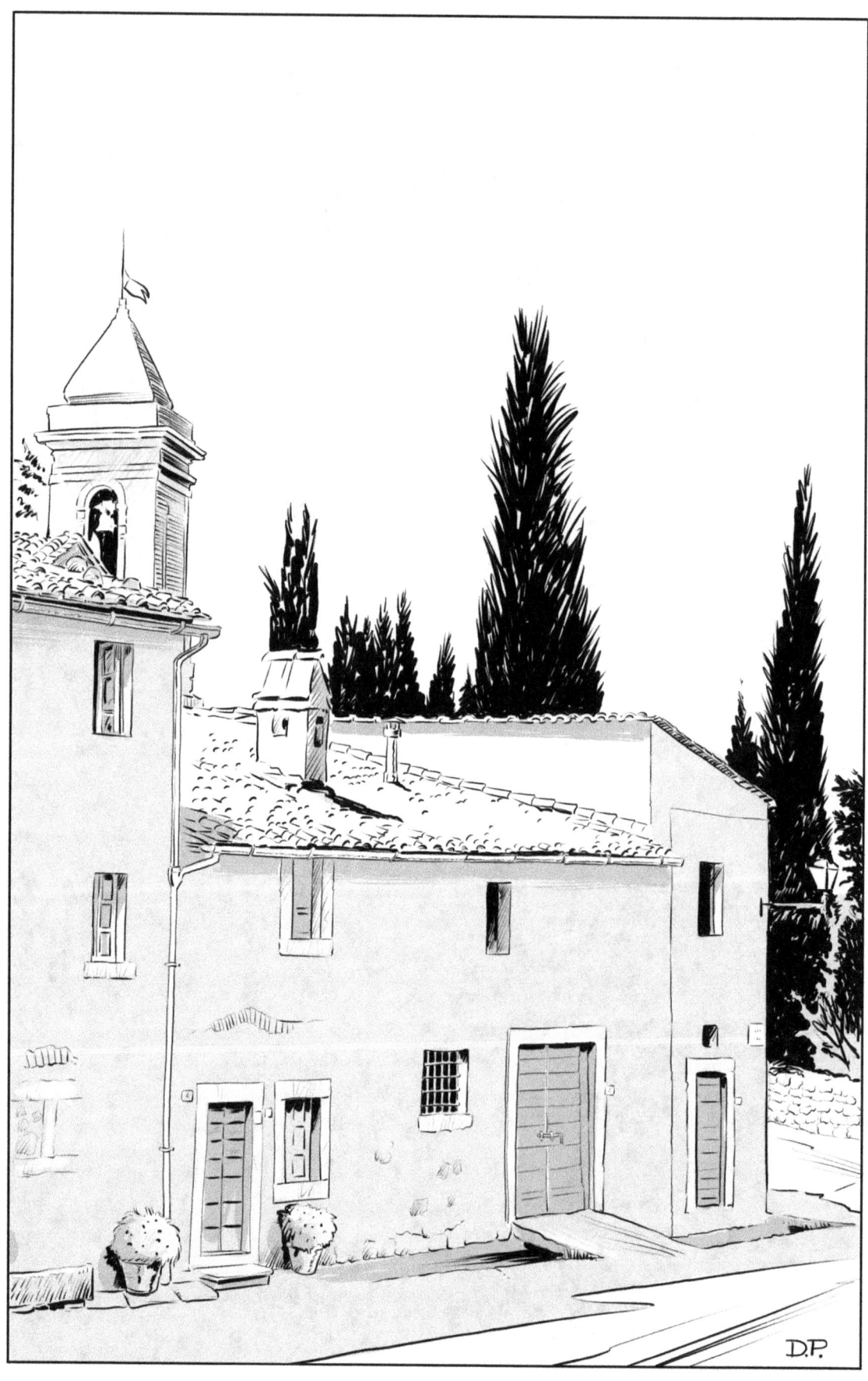

VIVO D'ORCIA

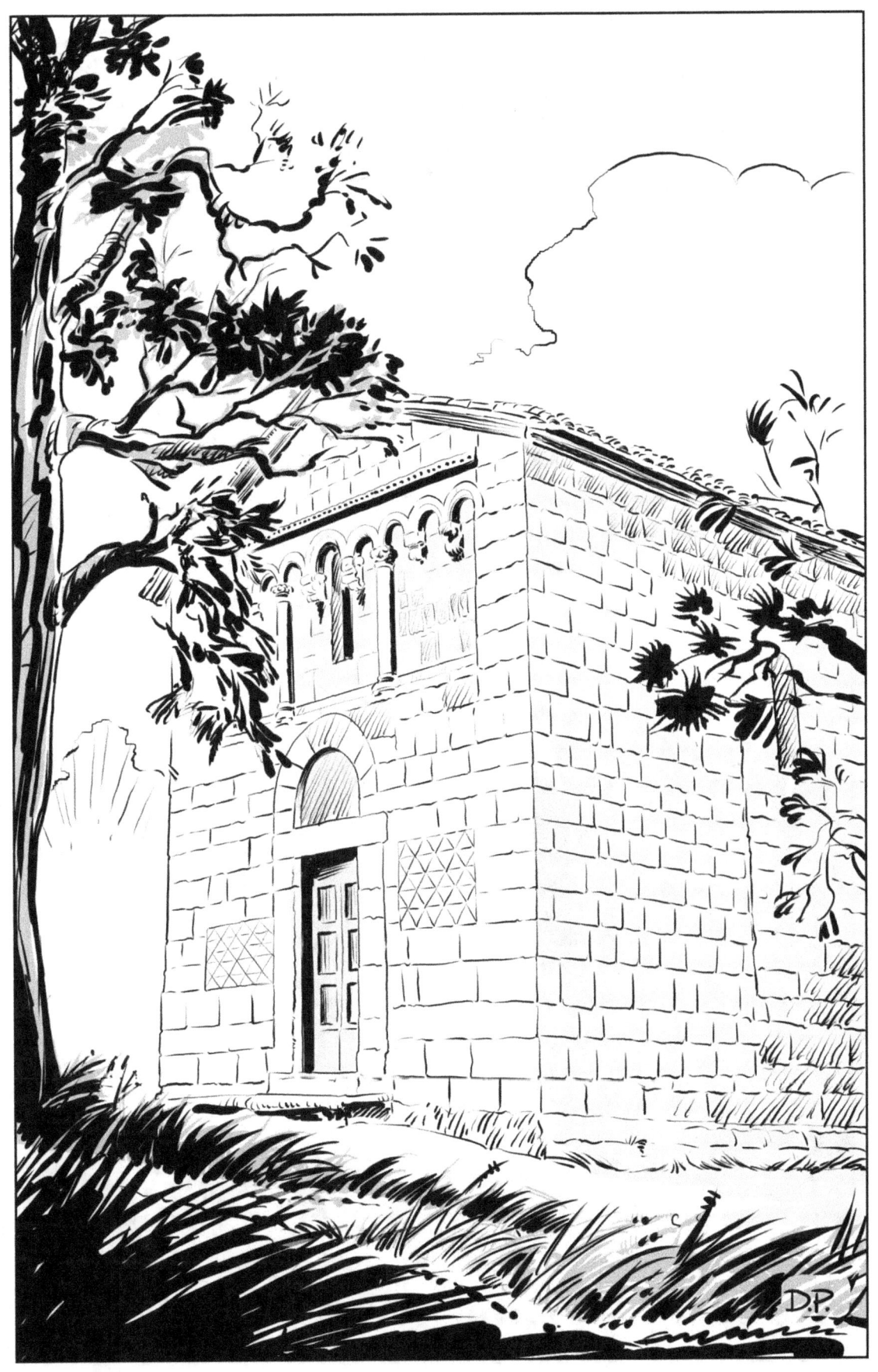

BAGNI SAN FILIPPO

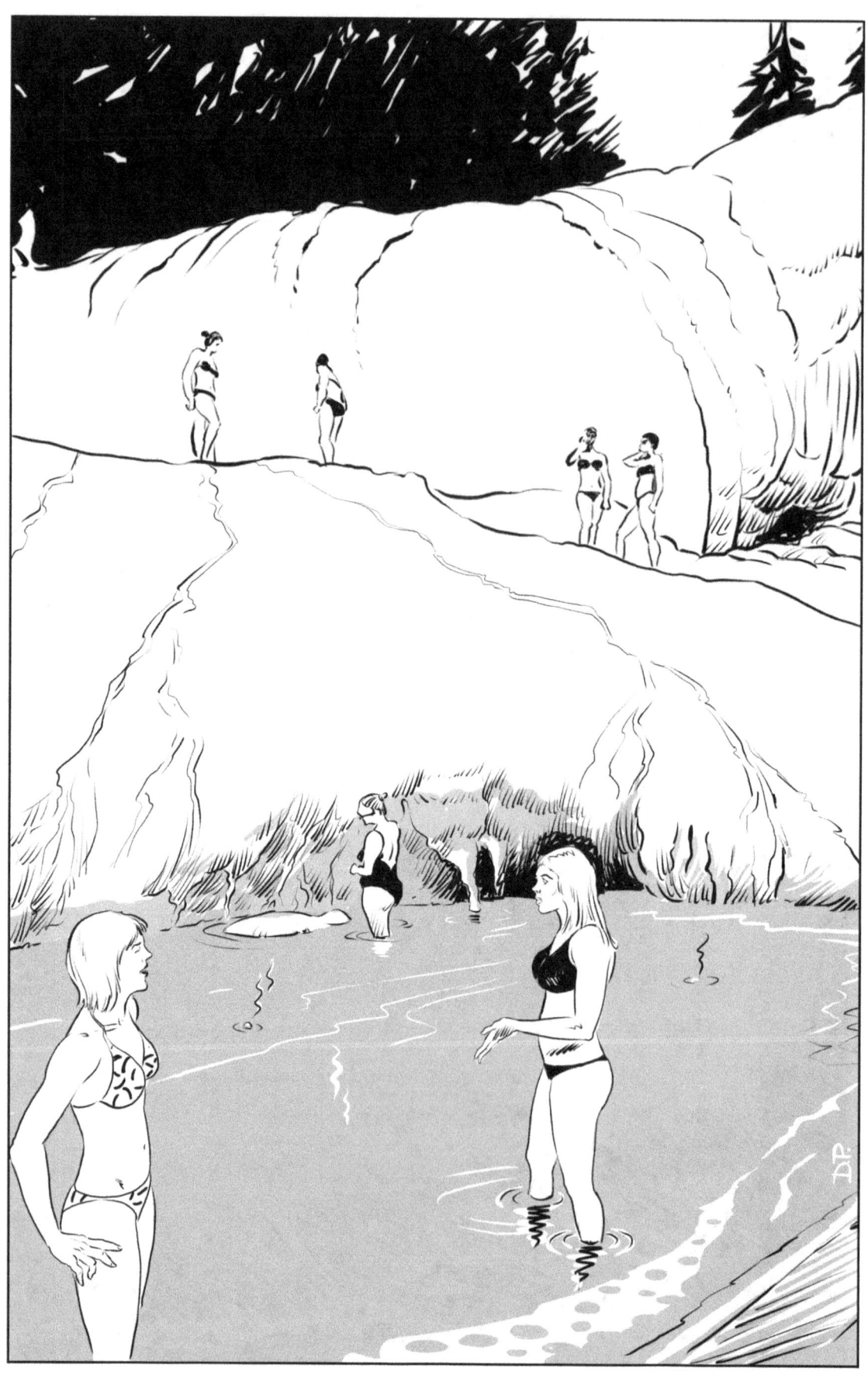

PAG. 44

VAL D'ORCIA MANY YEARS AGO

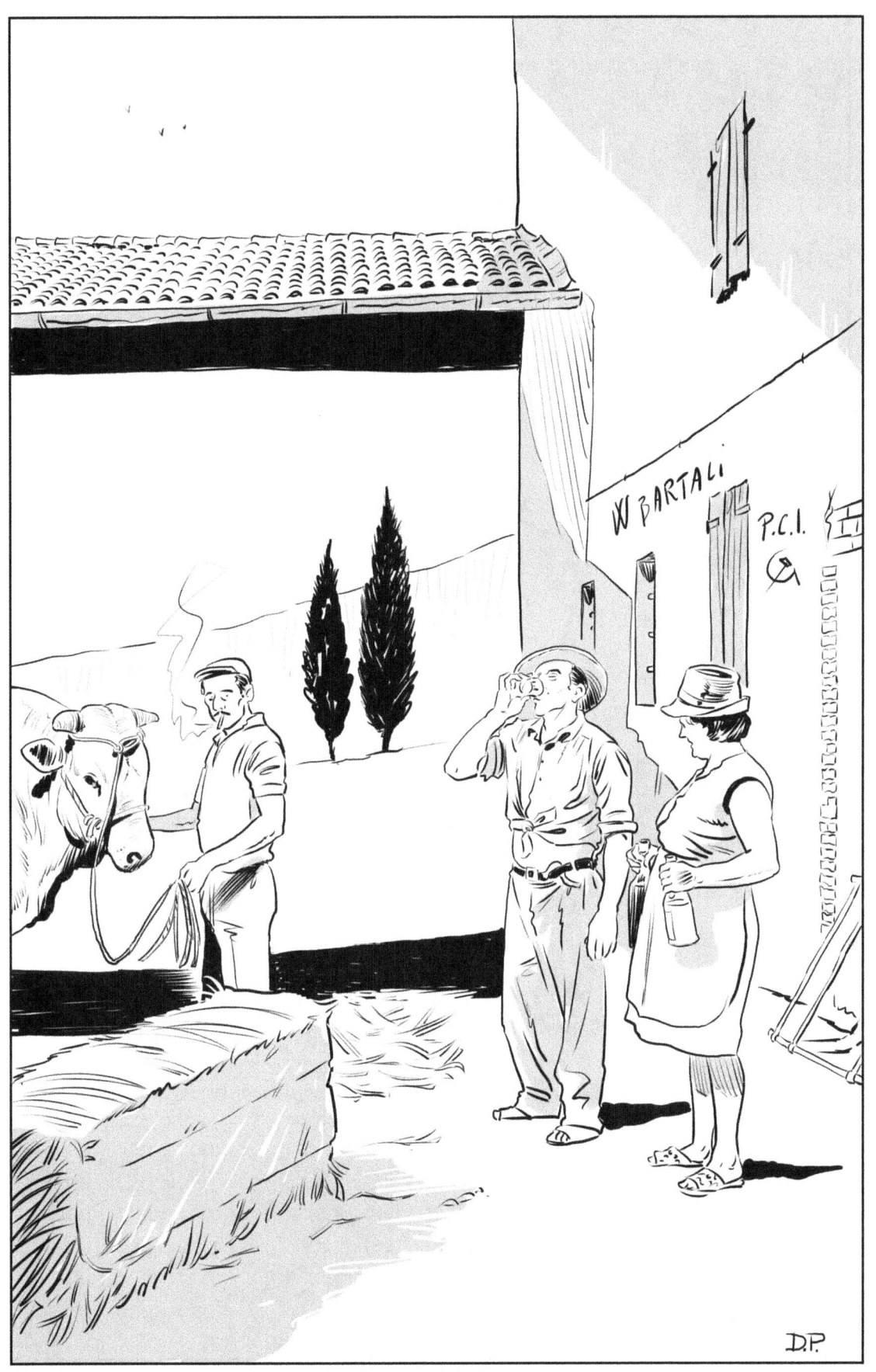

VAL D'ORCIA

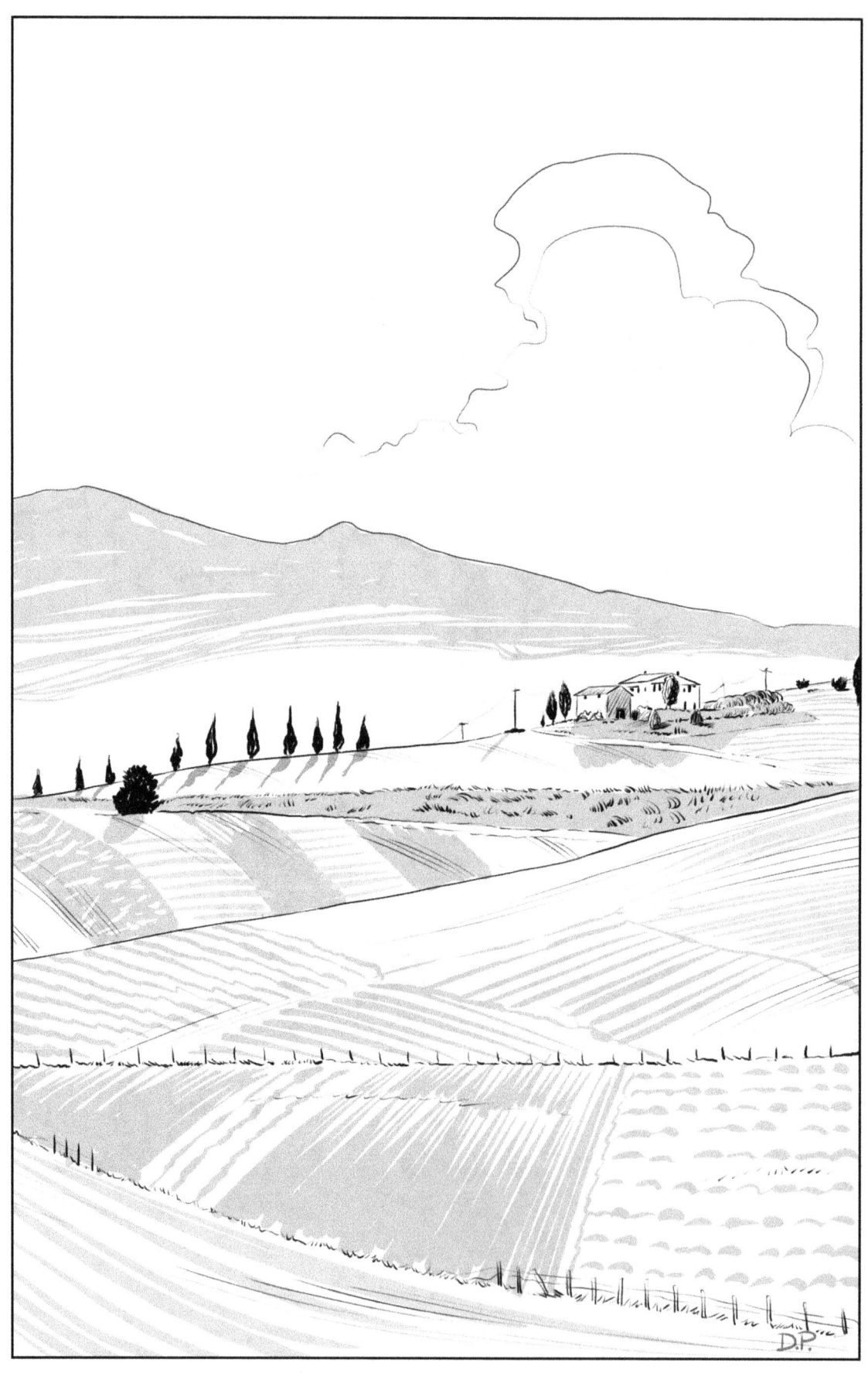

LA FOCE - VAL D'ORCIA

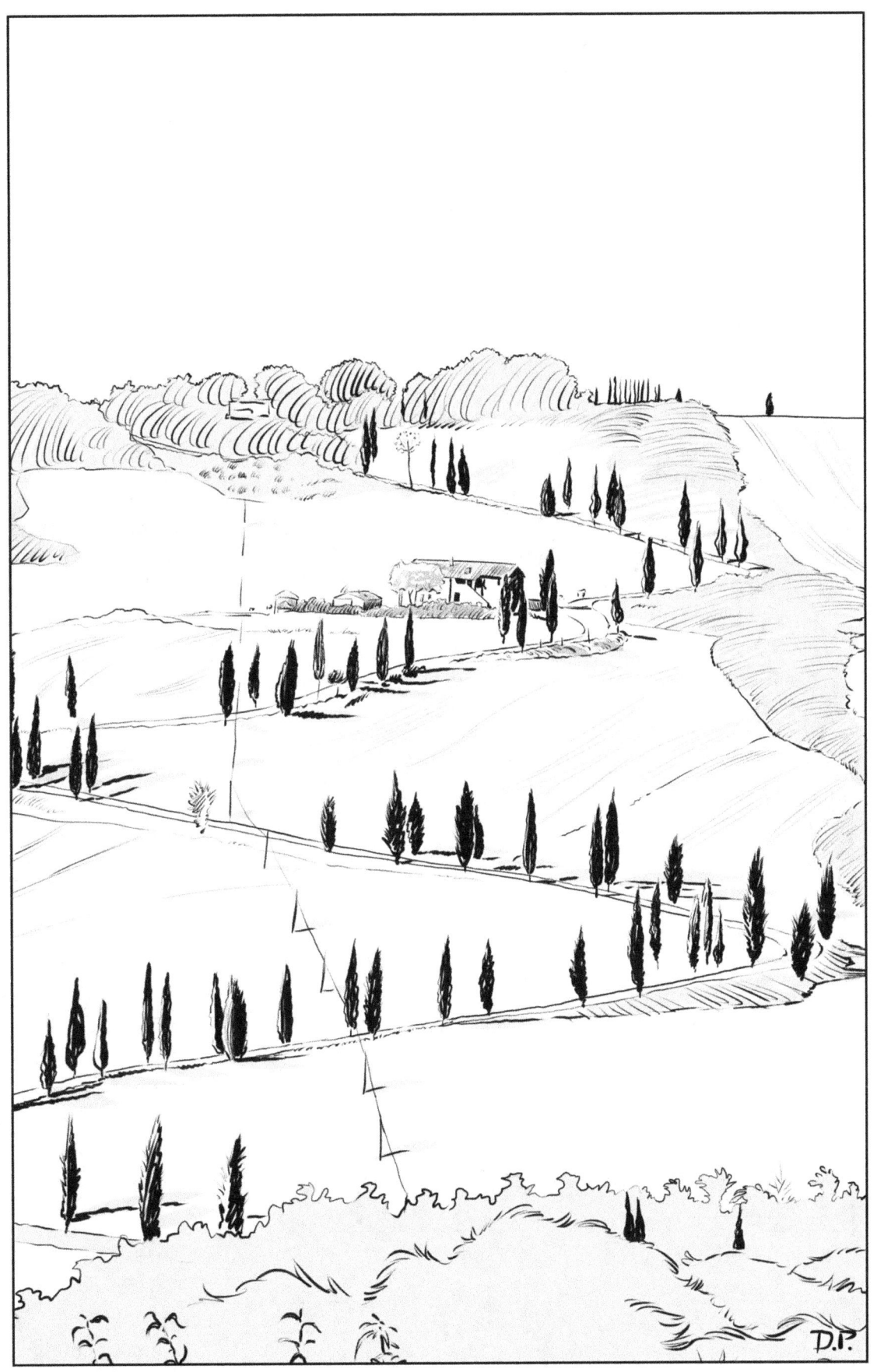

RADICOFANI

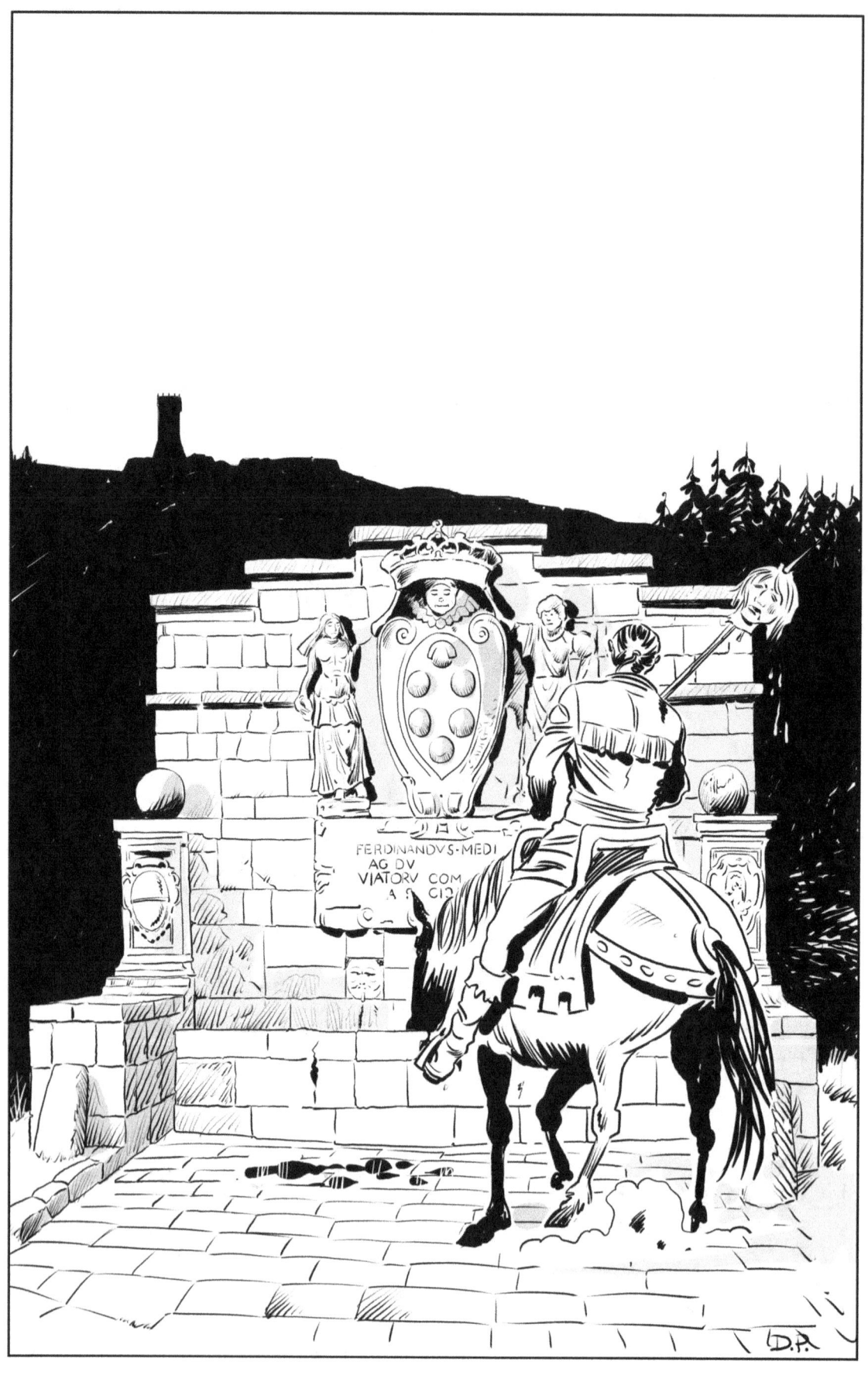

PAG.48

RADICOFANI - La via Francigena

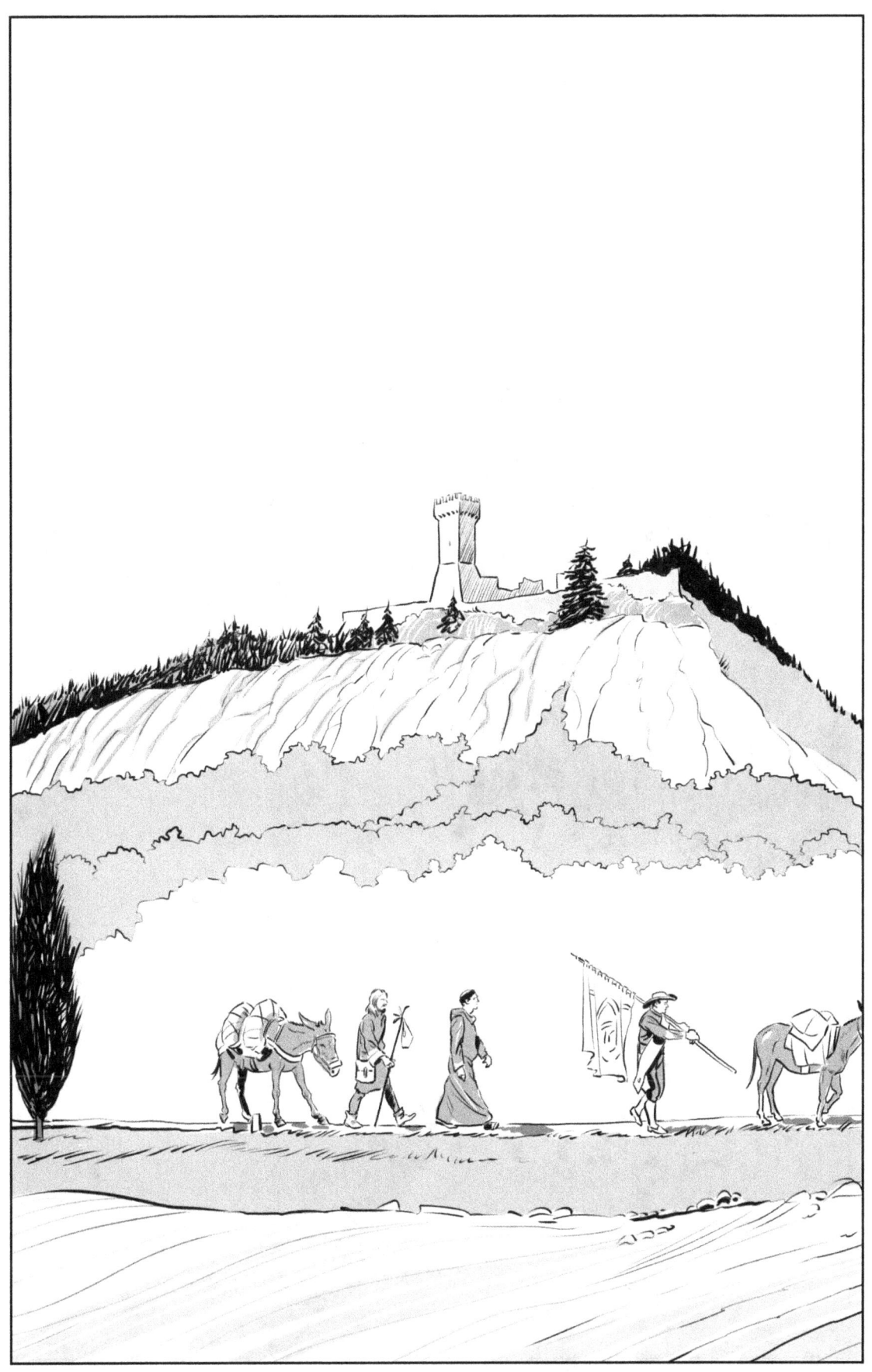

RADICOFANI

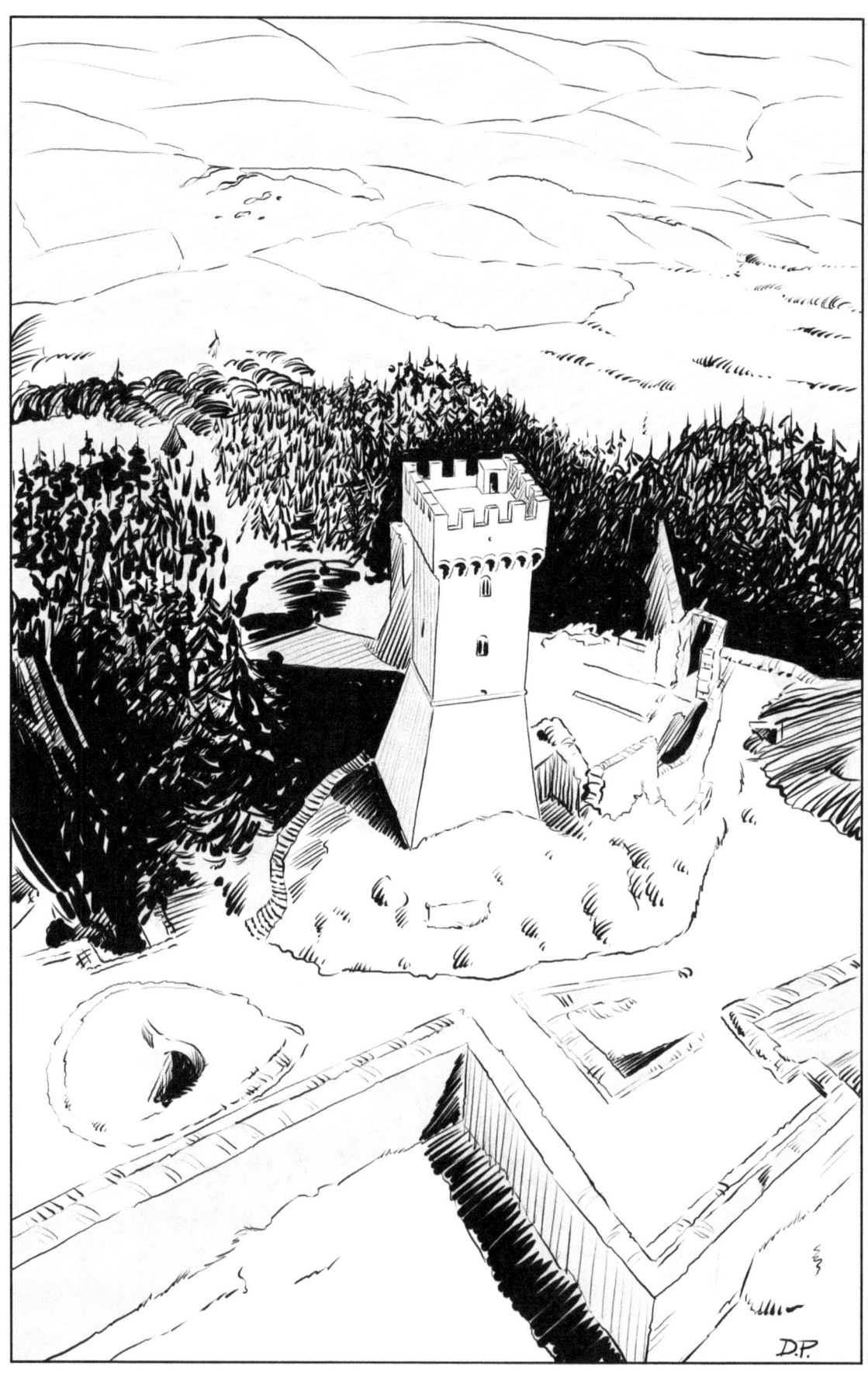

RADICOFANI

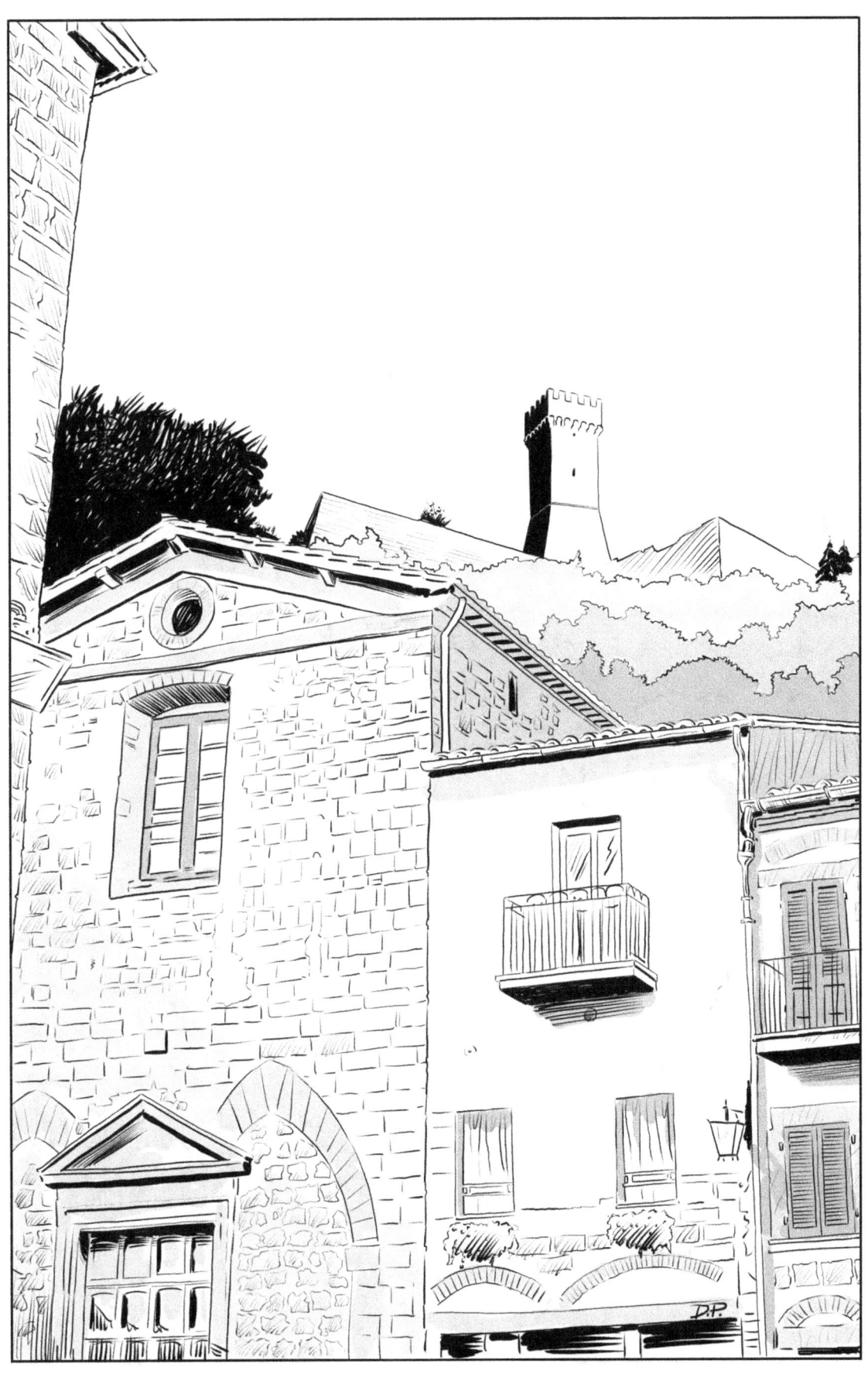

CONTIGNANO

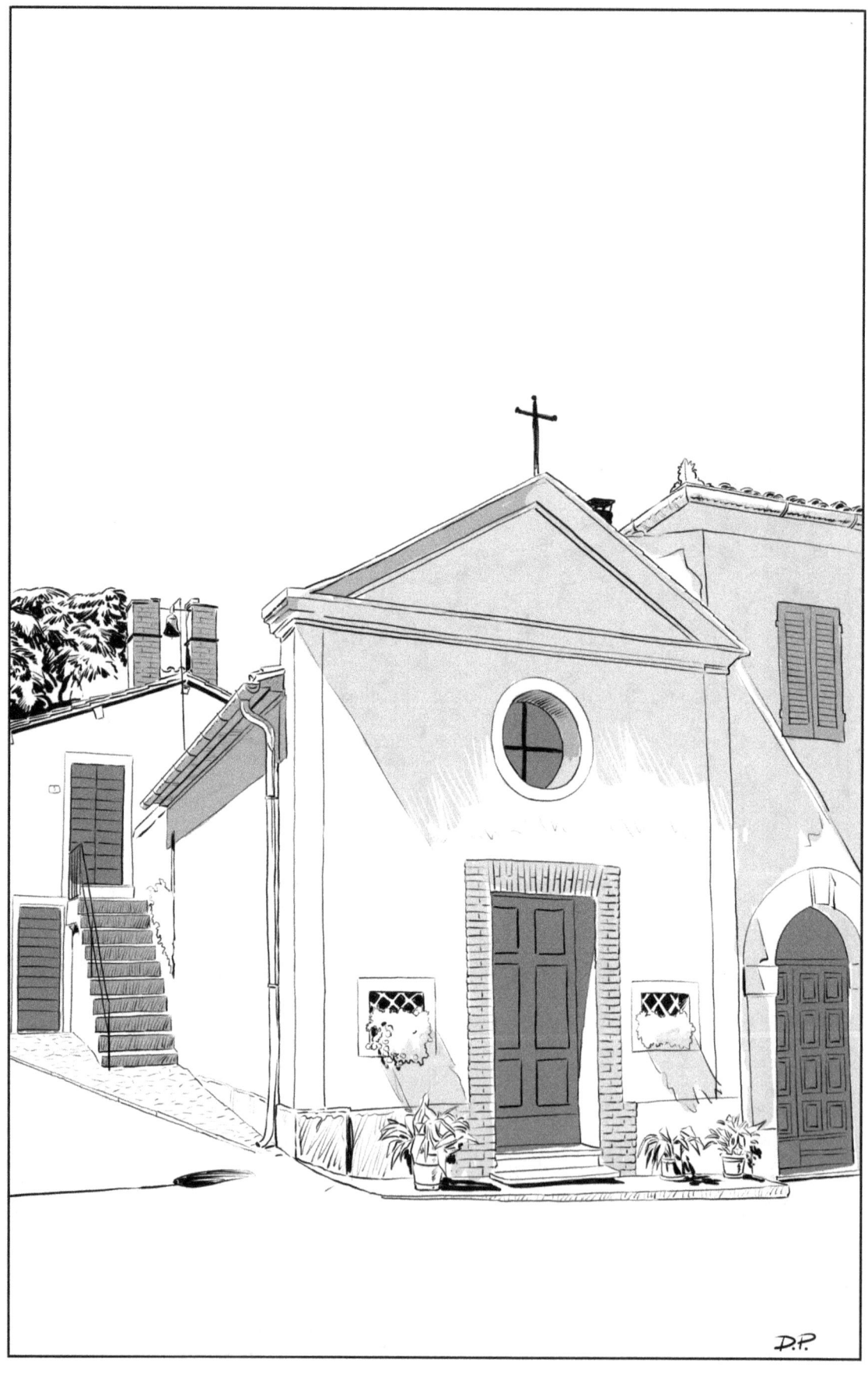

CAMPIGLIA D'ORCIA

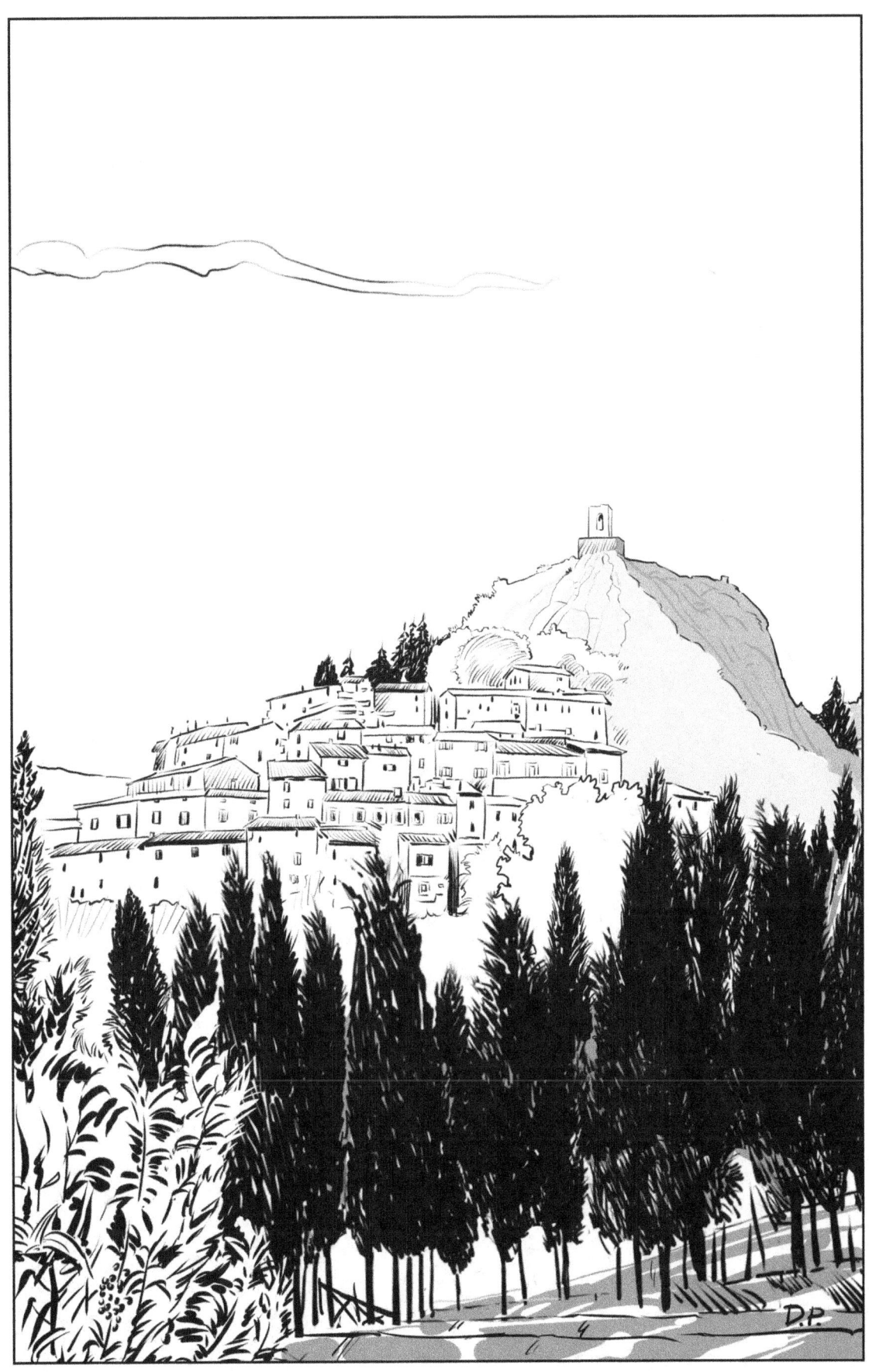

PAG. 53

CASTIGLIONE D'ORCIA

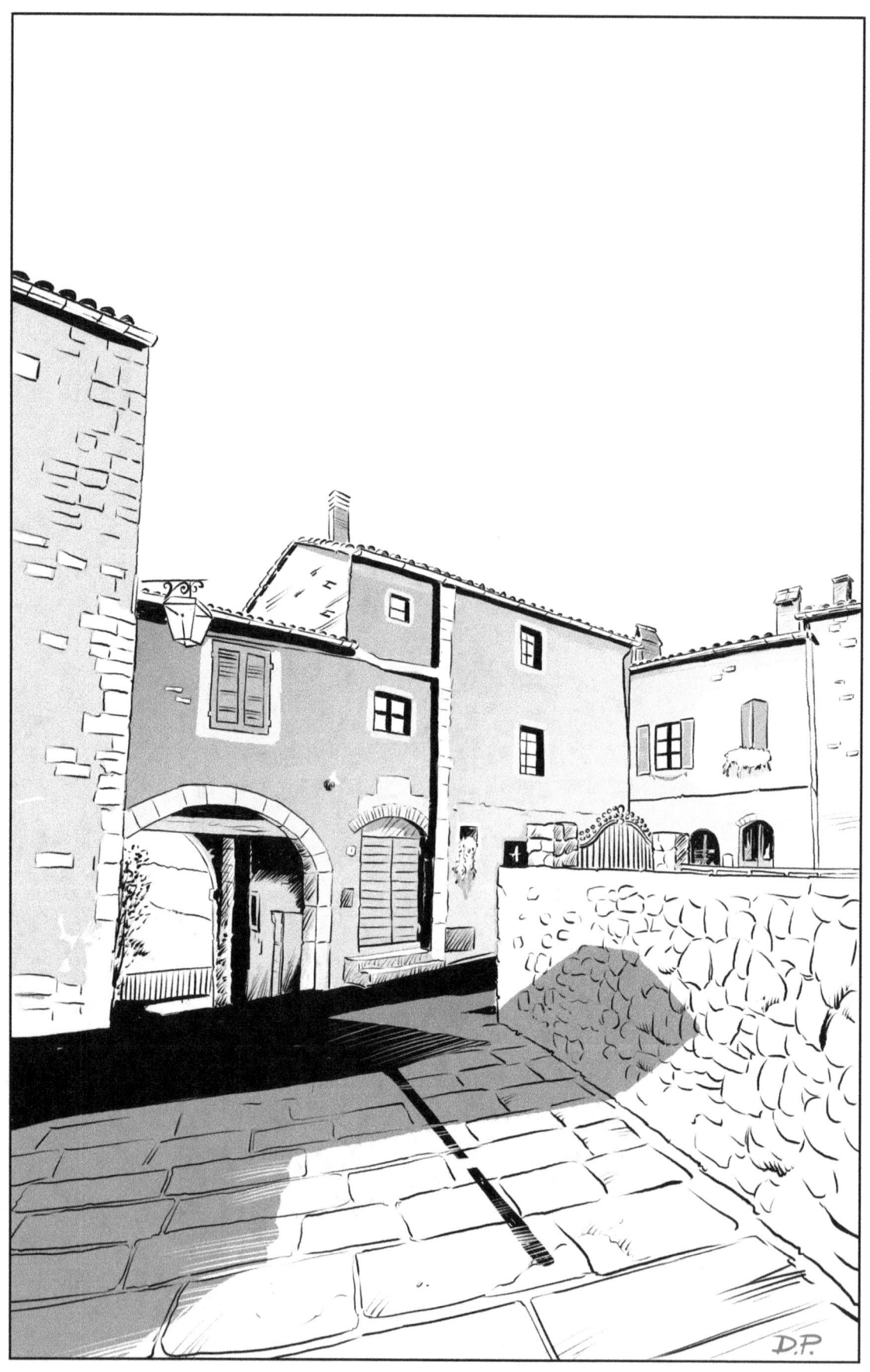

PAG. 54

CASTIGLIONE D'ORCIA

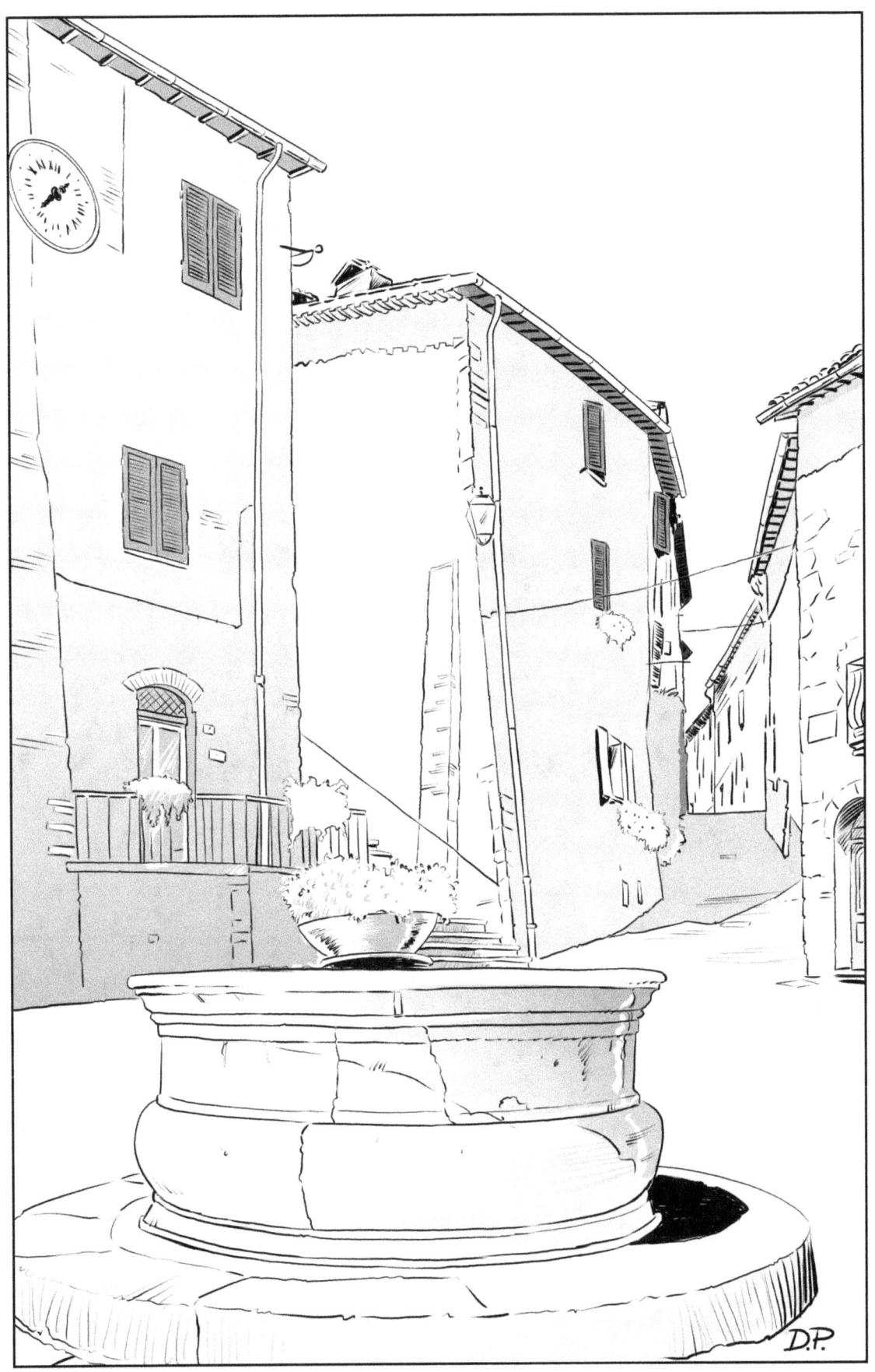

BAGNO VIGNONI

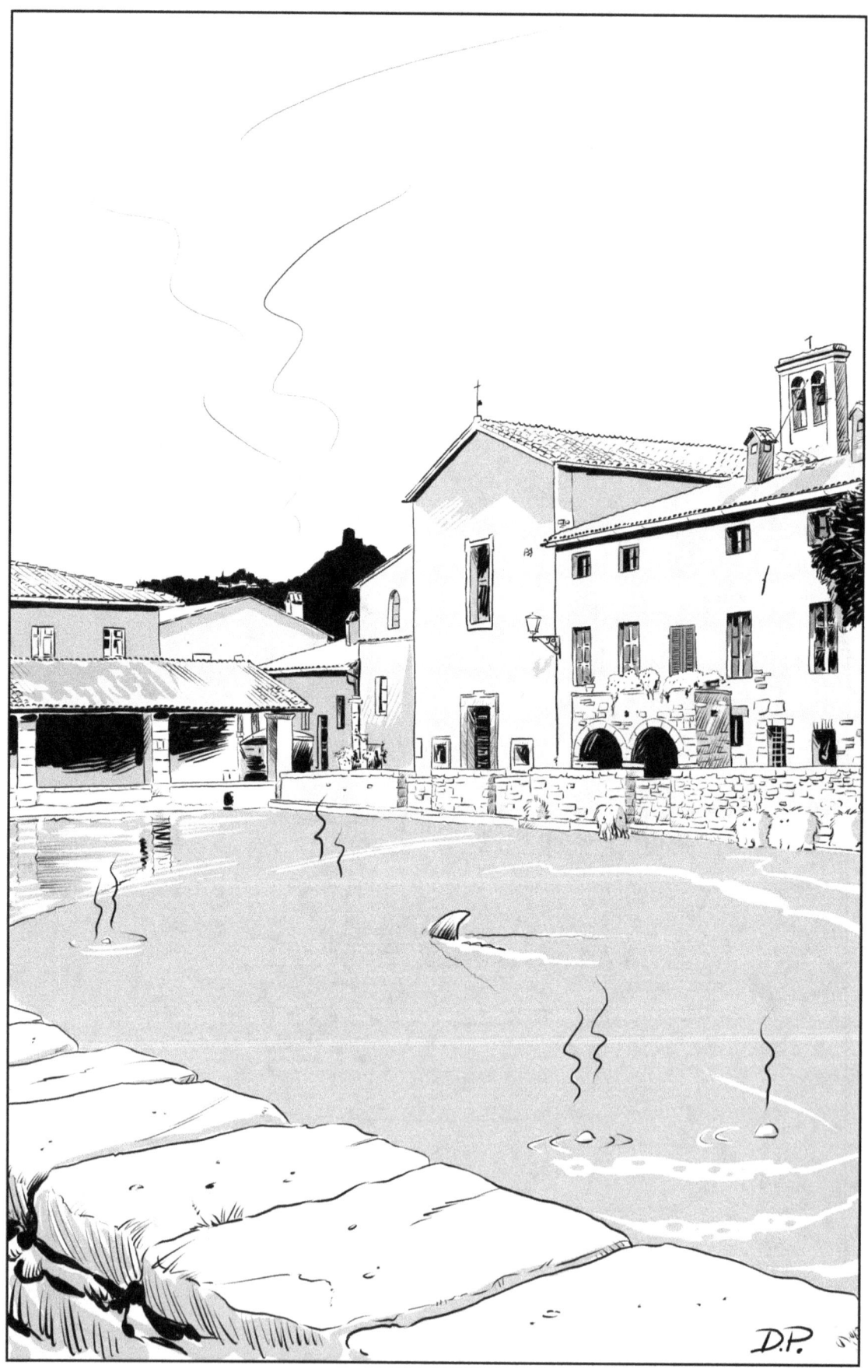

SAN QUIRICO D'ORCIA

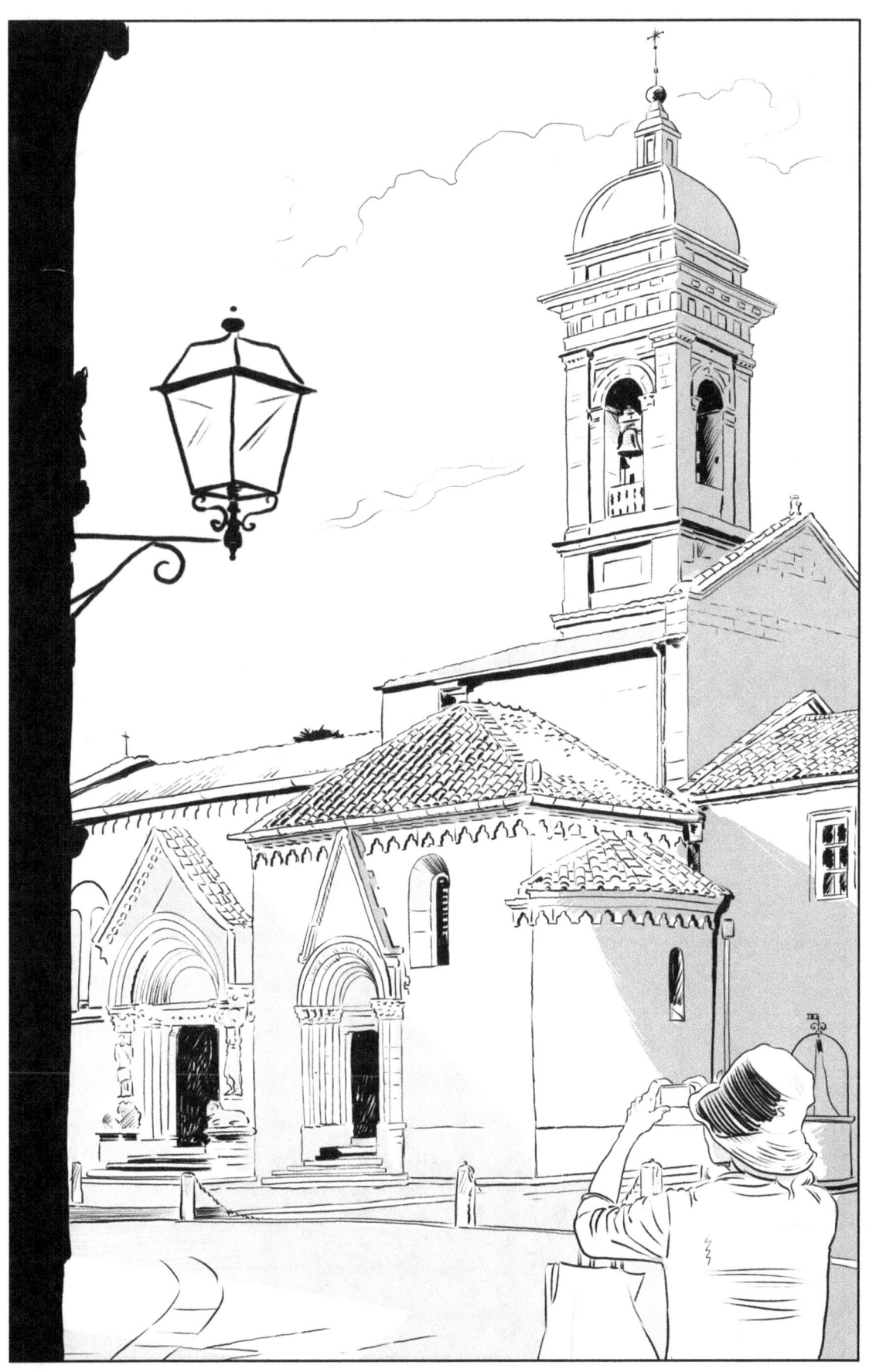

SAN QUIRICO D'ORCIA

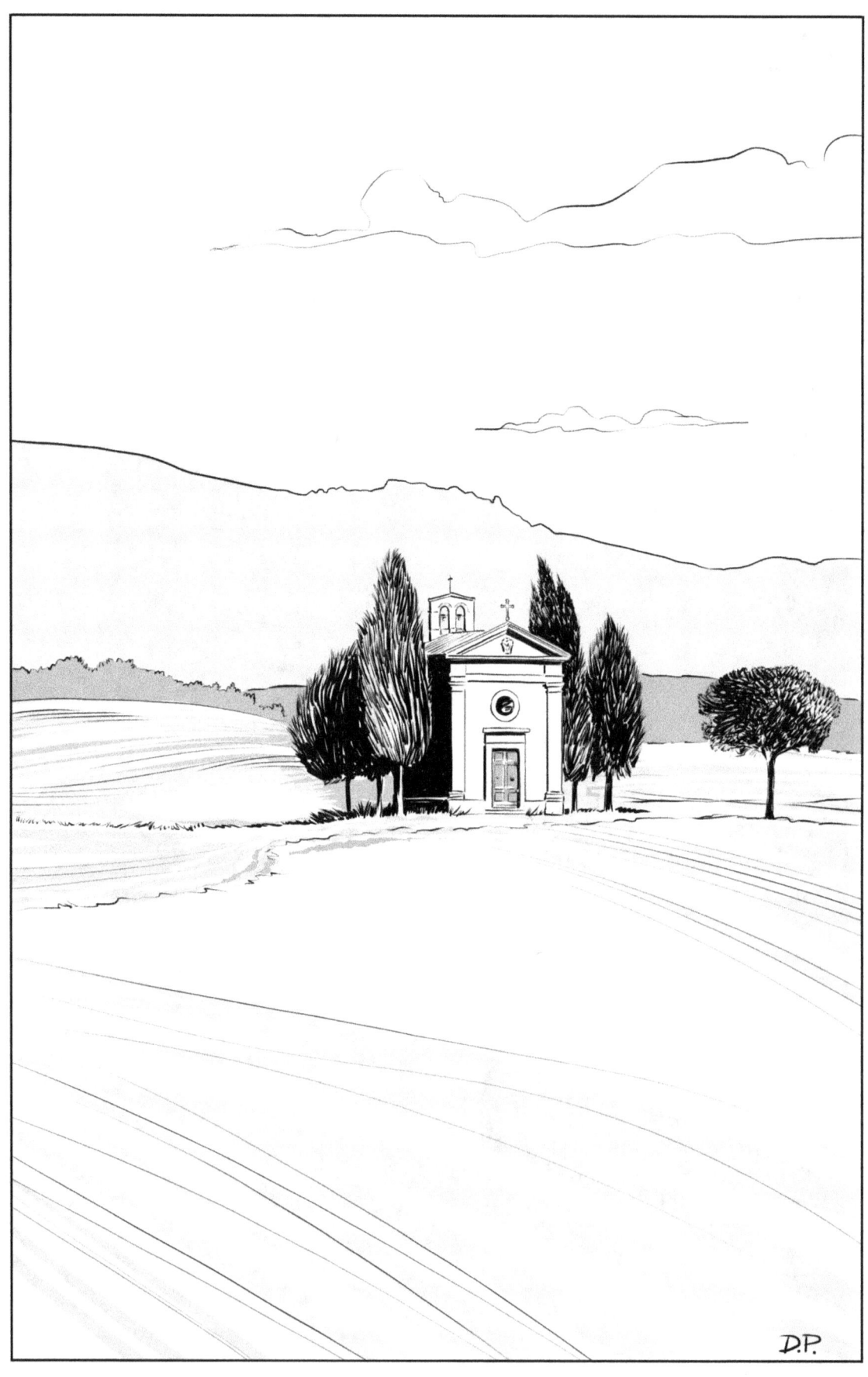

SAN QUIRICO D'ORCIA

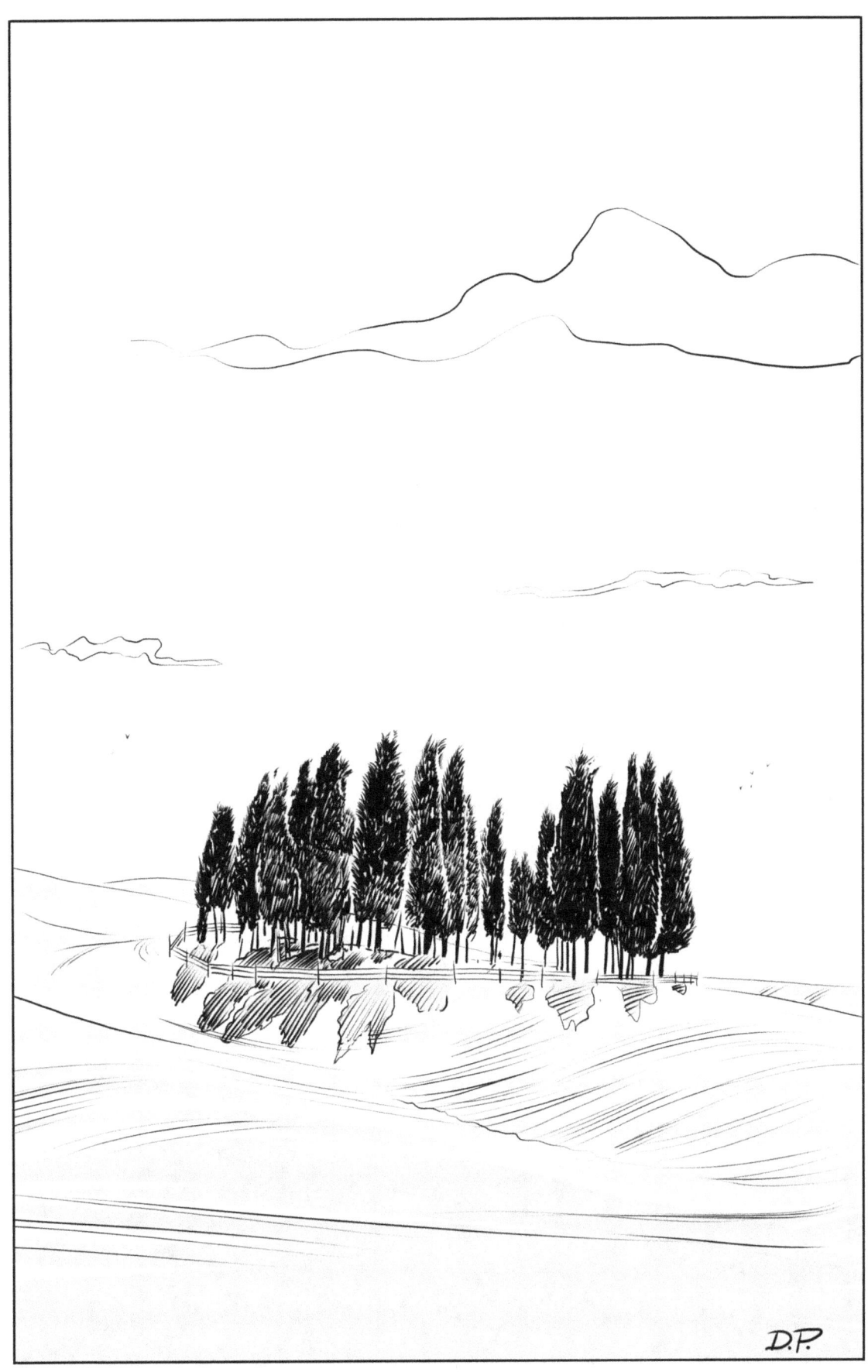

PAG.59

PIENZA

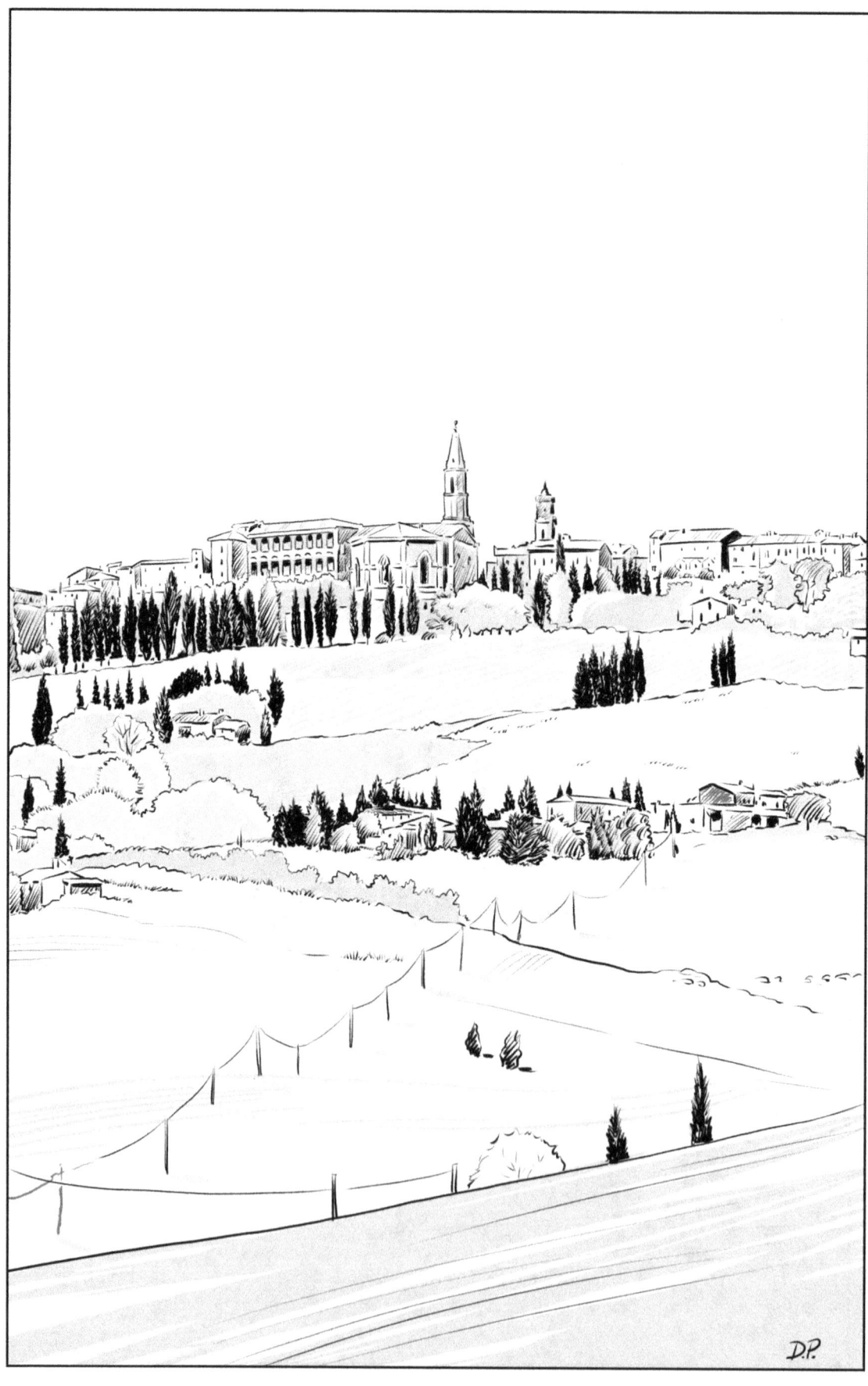

PIENZA

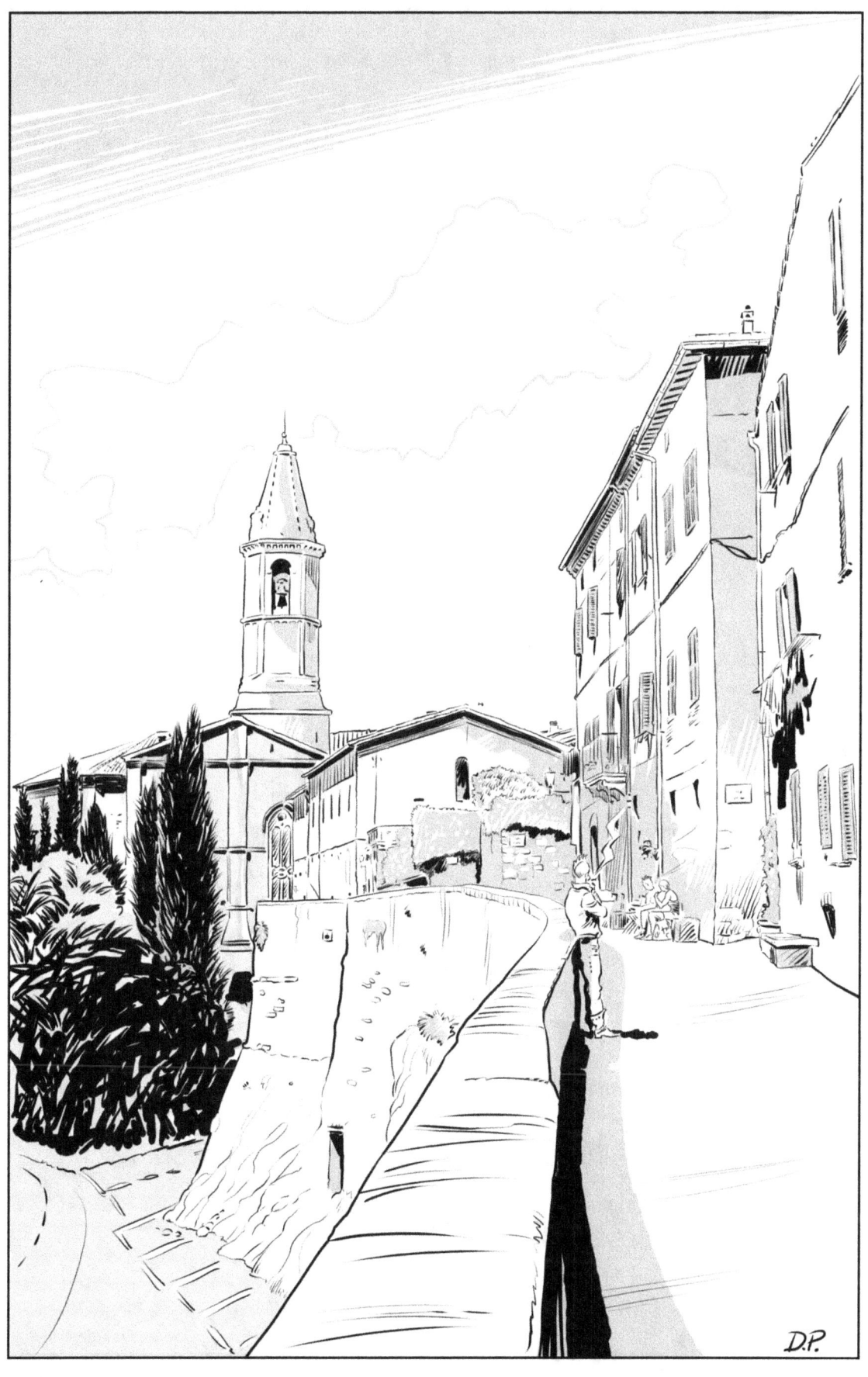

PIENZA

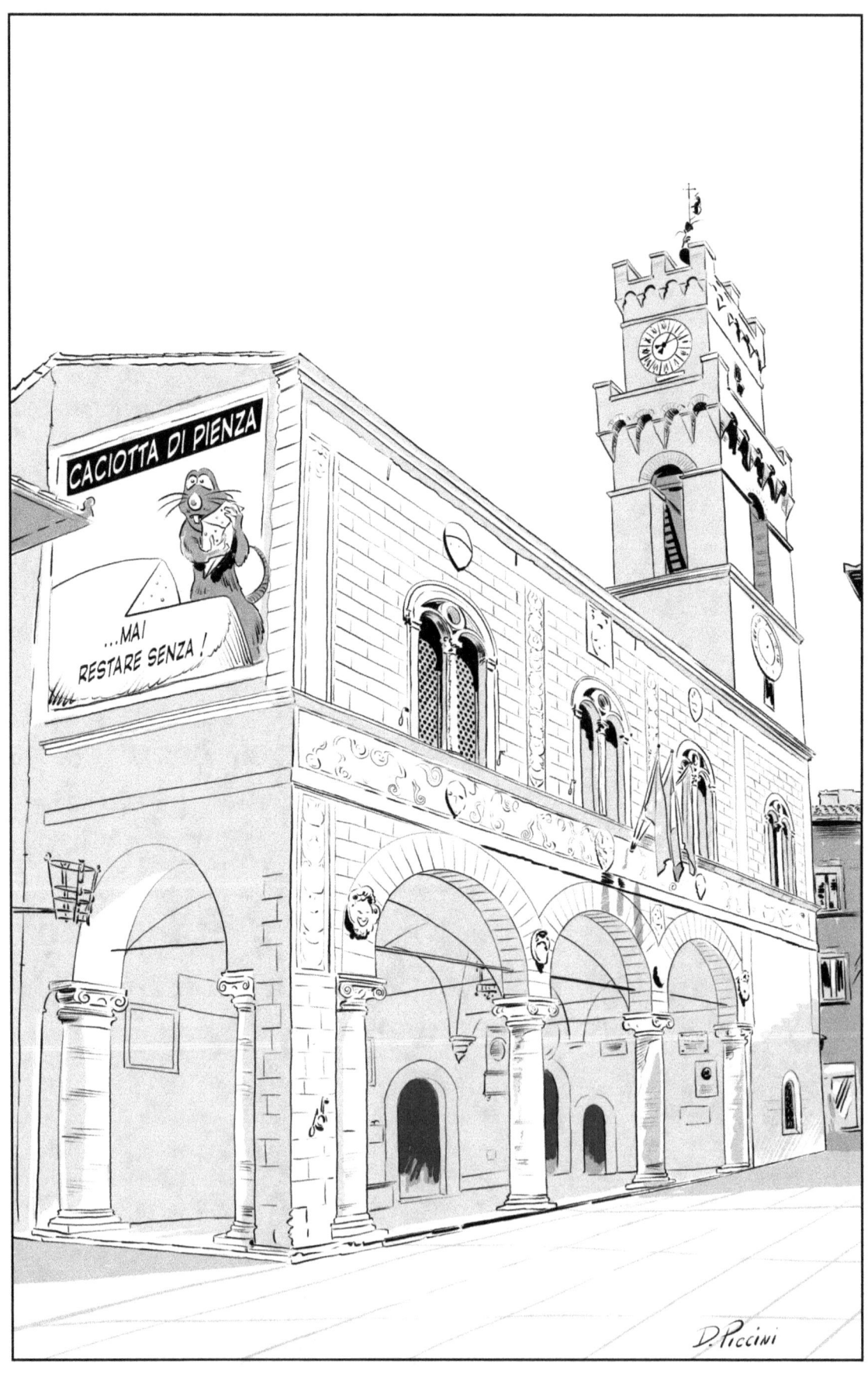

PIENZA

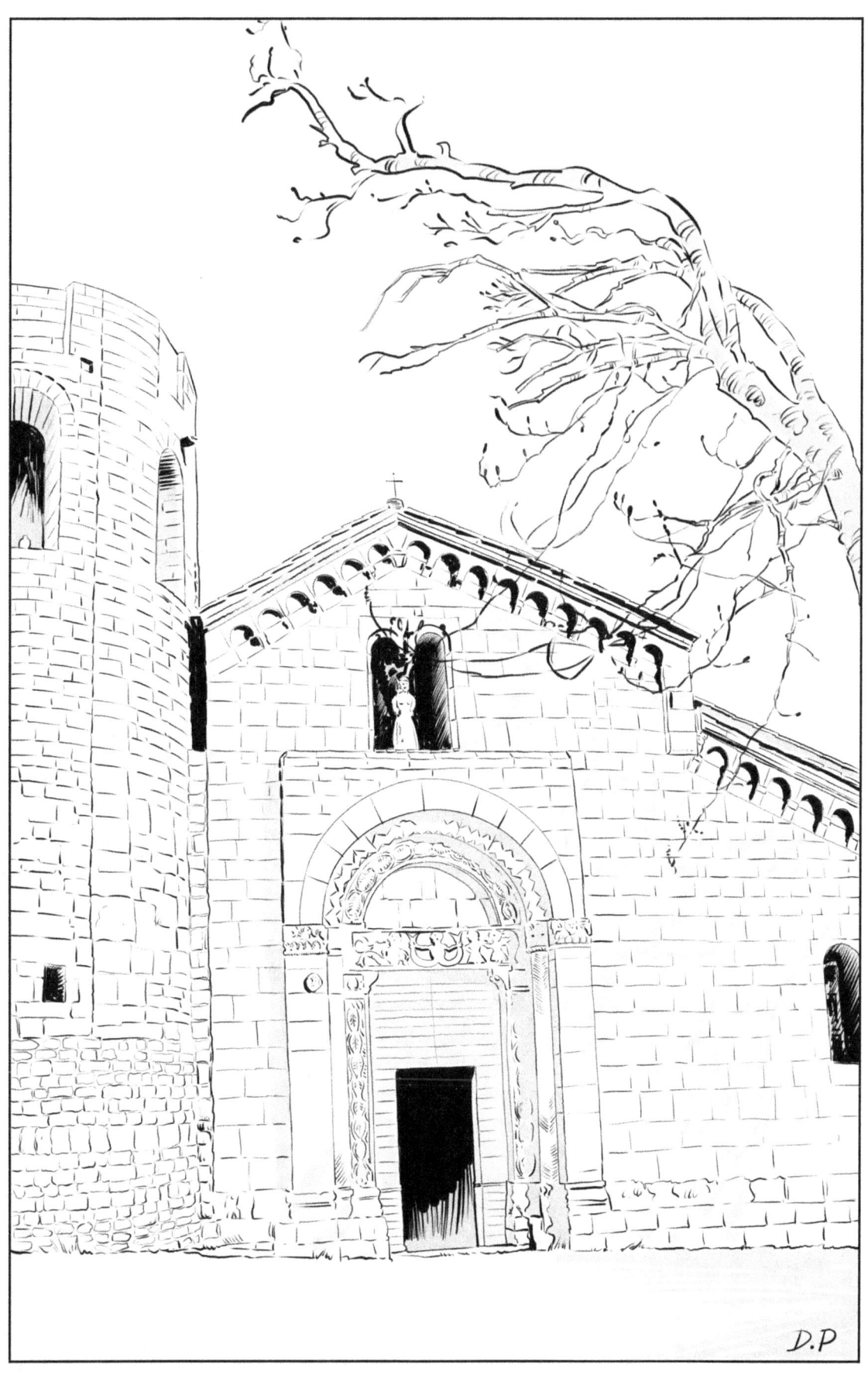

MONTALCINO

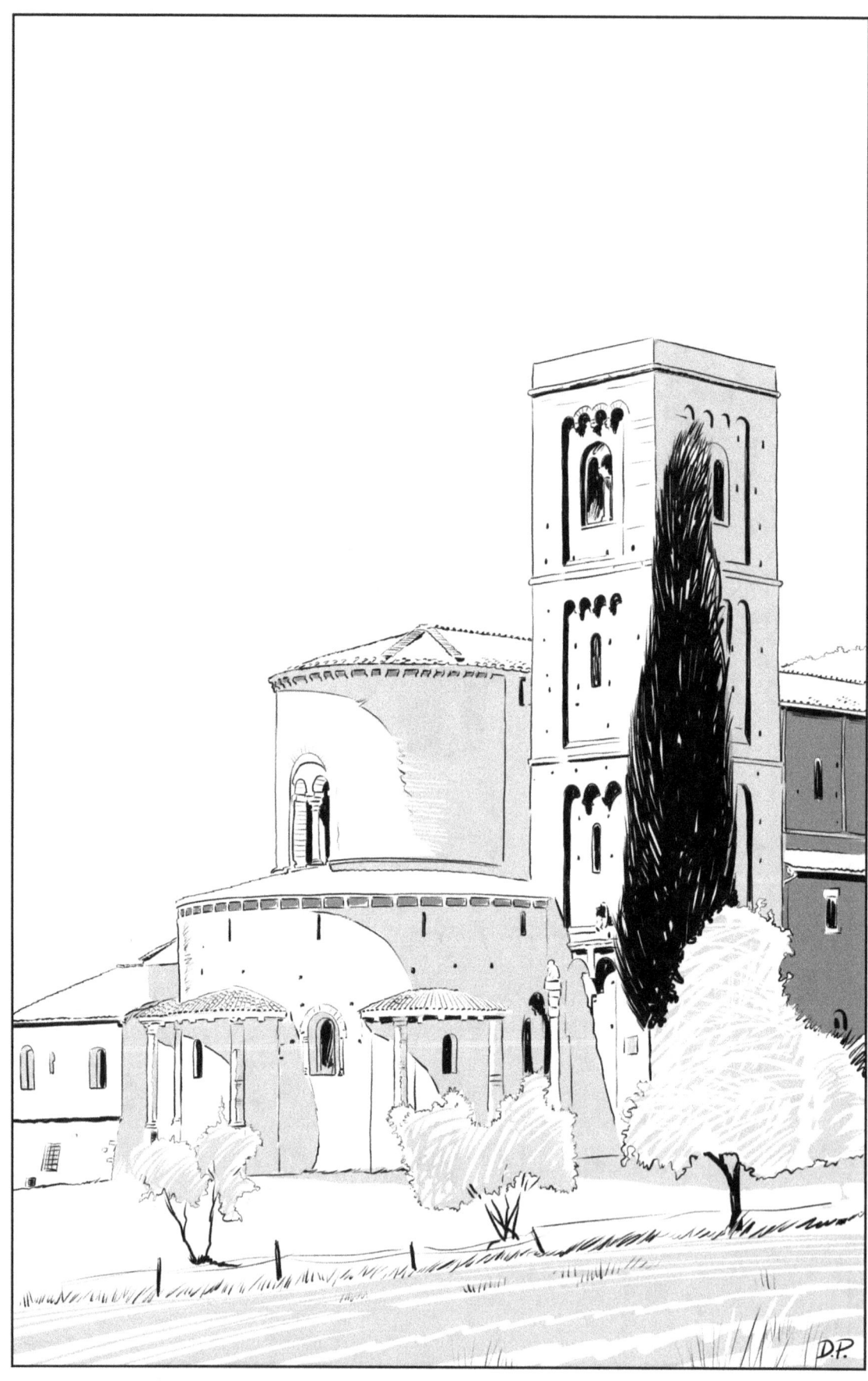

MONTALCINO

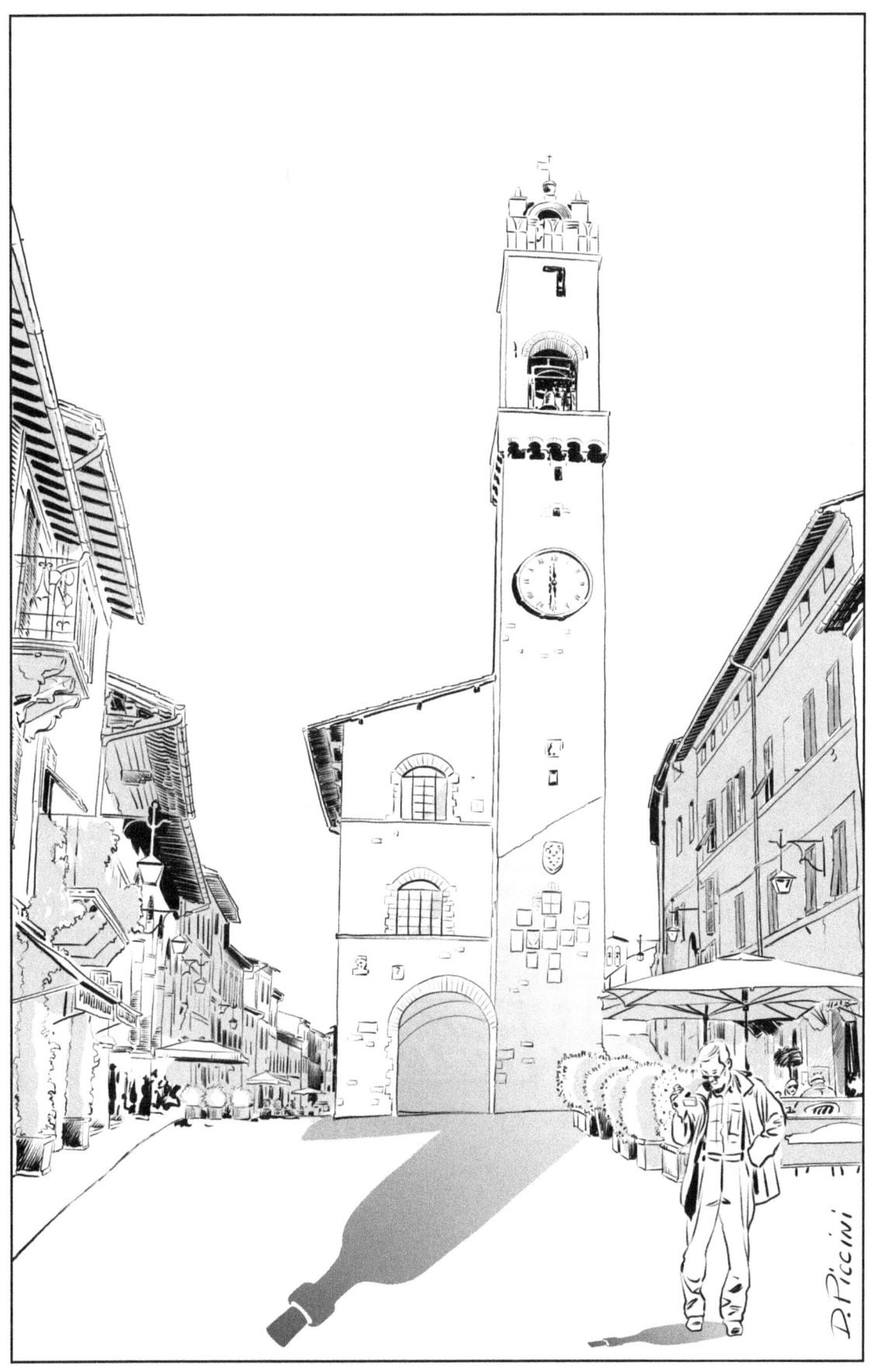

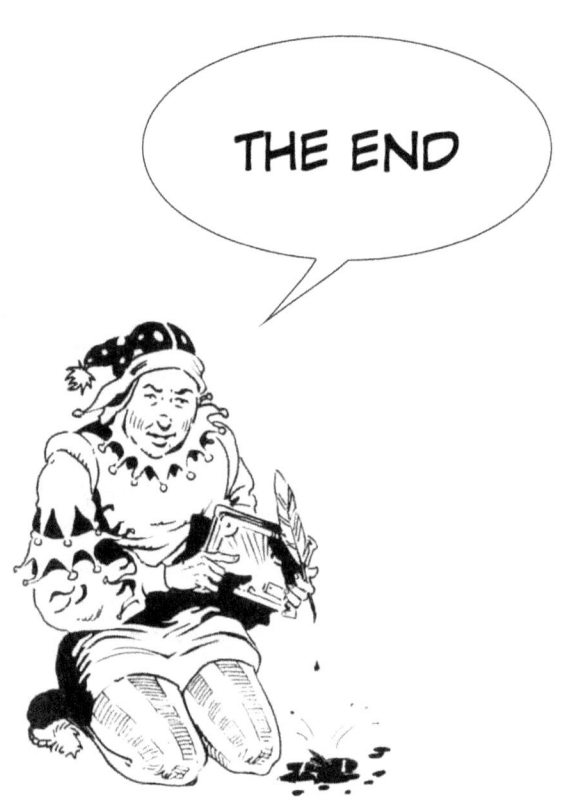

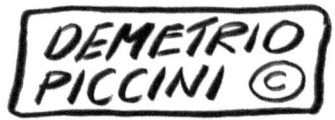

ANOTHER BOOK ON THE BEAUTIES OF ITALY

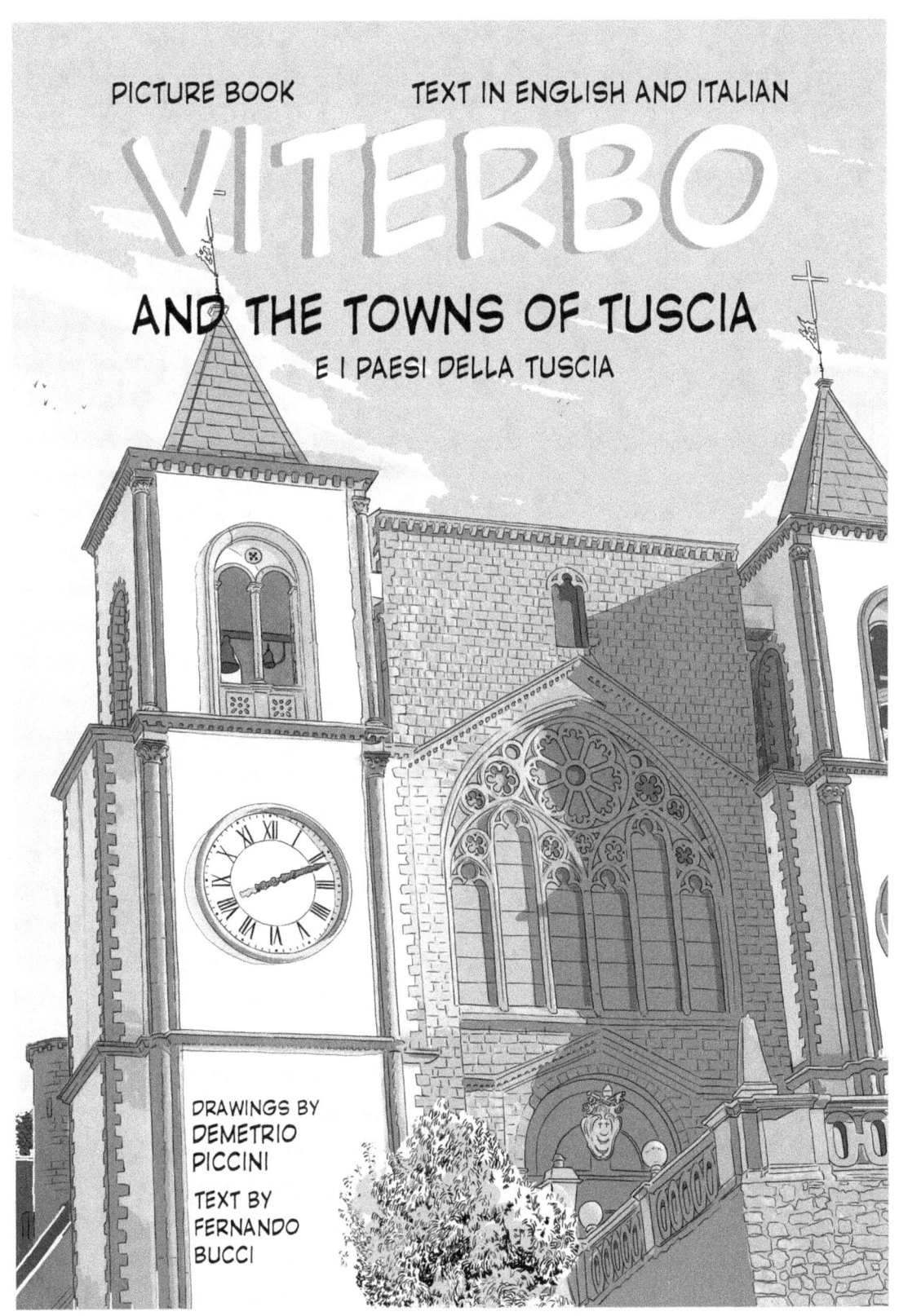

PICTURE BOOK — TEXT IN ENGLISH AND ITALIAN

VITERBO
AND THE TOWNS OF TUSCIA
E I PAESI DELLA TUSCIA

DRAWINGS BY DEMETRIO PICCINI

TEXT BY FERNANDO BUCCI

www.ingramcontent.com/pod-product-compliance
Lightning Source LLC
Chambersburg PA
CBHW060003230526
45472CB00008B/1922